AF238621

Peggy Berolsky
Von Krakau nach Kapstadt

Peggy Berolsky, geboren 1924 in Koszyce, überlebte die Arbeits- und Konzentrationslager Płaszów, Auschwitz und Bergen-Belsen. Nach dem Zweiten Weltkrieg emigrierte sie nach Südafrika. Sie starb 2008 in Aachen.

Lisa Strauß, geboren 1981 in Aachen, ist freiberufliche Eventmanagerin und Kommunikationsberaterin. Sie lebt mit ihrem Mann in Berlin.

Gine Elsner, Prof. Dr. med., geboren 1943 in Hamburg, war bis 2009 Direktorin des Instituts für Arbeitsmedizin des Fachbereichs Medizin der Goethe-Universität in Frankfurt am Main.

Peggy Berolsky

Von Krakau nach Kapstadt

Deportiert nach Auschwitz:
Bericht einer Überlebenden des Holocaust

Aufgeschrieben von Lisa Strauß,
herausgegeben von Gine Elsner

VSA: Verlag Hamburg

www.vsa-verlag.de

© VSA: Verlag 2021, St. Georgs Kirchhof 6, 20099 Hamburg
Alle Rechte vorbehalten
Druck und Buchbindearbeiten:
Beltz Grafische Betriebe GmbH, Bad Langensalza
ISBN 978-3-96488-018-5

Inhalt

Vorwort
von Lisa Strauß

Peggy Berolsky war meine Großmutter. Sie hatte zwei Töchter, vier Enkelkinder und vier Urenkel – Stand heute. Wir, ihre Nachfahren, leben inzwischen in Südafrika, Spanien und Deutschland. Wir haben unsere eigenen Familien gegründet, leben unseren Alltag und schmieden unsere Zukunftspläne. Warum erwähne ich das, wenn es doch in diesem Buch einzig und allein um die Geschichte meiner Großmutter gehen soll?

Was wie die vollkommen normale Entwicklung einer Familie über mehrere Generationen klingt, dämmerte mir schon im Laufe meiner Kindheit etwas ganz und gar nicht Selbstverständliches zu sein. Rückblickend ist es schwer zu sagen, wann ich anfing, mich ernsthaft mit dem Holocaust auseinanderzusetzen. Wann er von etwas Entferntem, irgendwie Allgegenwärtigem und dennoch Theoretischem zu einem realen, aktiven Bezug zu meinem Leben wurde. Ich erinnere mich noch gut an einen Moment in meiner frühen Teenagerzeit und das surreale Gefühl dieser plötzlichen Erkenntnis:

Ohne Peggy hätte es uns alle nie gegeben.

Klar, das ist der natürliche Lauf der Dinge und im Grunde die Historie einer jeden Familie, das ist mir bewusst. Doch die Umstände von Peggys Leben und ihre Geschichte machen diese Tatsache für mich so frappierend und unglaublich, und eben alles andere als selbstverständlich. Von den rund 3,3 Millionen Juden, die vor dem Zweiten Weltkrieg in Polen beheimatet waren, erlebten nur 10% das Ende des Krieges. Peggy war eine von ihnen. Sie war die einzige Überlebende ihrer siebenköpfigen Familie. Nur durch eine Kombination von Zufällen, sicherlich auch von Glück, aber vor allem ihrem Lebenswillen, ihrer Resilienz und ihrem Mut, existiert heute unsere Familie und lebt ihr scheinbar selbstverständliches Leben.

Peggys Geschichte war für uns als Kinder lange ein geheimnisvolles Mysterium. Als mein Cousin Paul vier Jahre alt war, fragte er sie: »Granny Peggy, was ist das für eine Nummer auf Deinem Arm?«

Peggy antwortete: »Die hat ein Mann darauf geschrieben, aber Du bist noch zu jung, um das zu verstehen – ich erzähle Dir davon, wenn Du älter bist.«

Paul entgegnete: »Wenn ich älter bin, dann werde ich diesem Mann eine runterhauen!«

Paul wurde älter. Ihm folgten weitere Enkelkinder: meine beiden Cousinen und ich. Und schließlich fand Peggy, wir seien nun alt genug, und erzählte uns Geschichten aus ihrem Leben. Zunächst nur Fragmente, verschiedene Episoden und einzelne Erinnerungen. Oftmals waren diese Fragmente schwer für uns zu verstehen, zeitlich einzuordnen und in Zusammenhang zu bringen. Je älter Peggy wurde, desto wichtiger wurde es für uns, ihre Geschichte in ihrer Vollständigkeit festzuhalten, zu dokumentieren. Kurz vor ihrem 80. Geburtstag schlug Paul schließlich vor, eine Art Videointerview mit ihr aufzuzeichnen. Paul war zu diesem Zeitpunkt knapp 30, als er das Gespräch und die Videoaufnahmen durchführte. Ich selbst war damals Anfang 20 und vielleicht noch nicht bereit, mich mit der Gänze von Peggys Realität auseinanderzusetzen, doch Teilen der Aufzeichnung wohnte auch ich bei. In neun Stunden Videomaterial erzählte unsere Großmutter von ihrem Leben, mit all seinen schauerlichen Einzelheiten.

Auch wenn es ihr nicht leichtfiel, war es immer Peggys Wunsch, das Erlebte weiterzugeben, es festzuhalten für die Zukunft. Sie wollte erzählen, was niemand anderes berichten konnte, was unvorstellbar ist für jeden, der es nicht am eigenen Leib erlebt hat.

Meine Großmutter starb am 3. Februar 2008 im Alter von 83 Jahren. Dieses Buch musste daher leider ohne ihre aktive Mithilfe entstehen und basiert ausschließlich auf dem Videointerview zwischen Peggy und Paul sowie meinen persönlichen Erinnerungen an sie.

Das Interview wurde auf Englisch geführt – infolge von Peggys Emigration nach Südafrika wurde dies die Sprache unserer Familie. Da ich in einer zweisprachigen Familie in Deutschland aufgewachsen bin (dies ist eine andere Geschichte), erscheint dieses Buch zunächst hier und in deutscher Sprache. Ich habe mich bemüht, Peggys Erzählungen möglichst akkurat ins Deutsche zu übertragen.

Auch wenn Peggy letztendlich den Großteil ihres Lebens Englisch sprach, hatte sie immer einen etwas fremden Einschlag in ihrer Aussprache und warf gern einzelne Wörter oder Redewendungen in Jiddisch, Polnisch oder Deutsch ein – gerade in ihren Erzählungen über den Holocaust ist es erschreckend, wie viele Wörter aus offensichtlichen Gründen nur auf Deutsch in ihrem Wortschatz existieren: »Achtung«, »Kommandant«, »Lagerpolizei«, »Zählappell«, um nur einige zu nennen. Das Interview zu verstehen, auszuwerten und zu übersetzen, konnte daher hin und wieder herausfordernd sein – zumal meine Großmutter gern unerwartet assoziative, zeitliche Sprünge in ihre Erzählungen einbaute. Manche Passagen spulte ich daher wieder und wieder zurück, um ihres Inhalts gewahr zu werden und sie richtig einzuordnen.

Peggy erzählte von vielen Personen, die sie auf ihrem Weg kennenlernte. Menschen, die wichtige Vertraute für sie wurden, wobei ohne einige von ihnen ihr Leben einen vollkommen anderen Lauf genommen hätte. Es ist mir wichtig, diese Menschen in Peggys Bericht namentlich zu erwähnen, auch wenn die Namen oft schwer zu verstehen waren und nur rein nach Gehör wiedergegeben werden können.

Obschon dieses Buch aus Gründen der Verständlichkeit und Kontinuität keine exakte Transkription des Interviews darstellt, ist Peggys Bericht weitestgehend aus ihrer eigenen Perspektive geschildert, um ihre Erzählung möglichst authentisch wiederzugeben.

Um die persönliche Geschichte meiner Großmutter zusätzlich in den gesamtheitlichen, historischen Kontext zu bringen, wird ihr Bericht in den in einer anderen Schrift gesetzten Einschüben durch geschichtliche Hintergründe und Quellen ergänzt. Viele ihrer Erzählungen finden sich in den Berichten anderer Augenzeugen sowie historischen Zeitzeugnissen und Dokumentationen wieder.

Die Berichte der Holocaustüberlebenden sind in der Aufarbeitung der jüdischen und deutschen Geschichte durch nichts zu ersetzen. Jedes einzelne Schicksal, jedes persönliche Erlebnis, jedes individuelle Detail formt die Gesamtheit dieses historischen Genozids. Nur indem wir diese Geschichten als lebendige Realität erhalten, können wir ein Mahnmal für die Generationen der Zukunft schaffen. Nur so können wir gegen das Vergessen, die Verharmlosung und die Wiederholung dieser Taten kämpfen. Das ist unsere Verantwortung.

Dieses Buch ist ein Mosaikstein in der Geschichte des Holocaust. Ein Einzelschicksal unter Millionen von Schicksalen. Es ist die Geschichte von Peggy Berolsky.

Kindheit

Meine Großmutter wurde am 16. Dezember 1924 als Peska Weinstock im polnischen Koszyce, nordöstlich von Krakau geboren. Peggy würde sie erst viel später genannt werden, nachdem sie nach Südafrika immigriert war. Für uns Enkelkinder war sie immer einfach nur Granny Peggy.

Ich erinnere mich an viele Geschichten aus Peggys Kindheit, von der sie uns so gerne erzählte. Sie war ein lebhaftes und schelmisches Kind, das viele Freunde hatte und ständig etwas ausheckte. Ein echter Wildfang, sagte sie immer über sich. Allerdings war meine Großmutter auch klug und vielseitig begabt, worauf sie in ihren Erzählungen ebenfalls sehr viel Wert legte.

Obwohl sie aus einer traditionellen, jüdischen Familie stammte, in deren Haus nur Jiddisch gesprochen wurde, ging Peggy auf eine staatliche, polnische Schule und war stolz darauf, sehr gutes Polnisch zu beherrschen. Einmal wurde sie in der Schule sogar ausgewählt, anlässlich des Geburtstags des Präsidenten ein Gedicht aufzusagen – »und das als jüdisches Mädchen!«, wie sie betonte.

Peggy hatte viele Talente. Sie war sehr sportlich, lernte Violine und brachte immer exzellente Zeugnisse nach Hause – außer im Punkt »Benehmen«, in dem sie regelmäßig getadelt wurde. Eines Tages wurde sie deshalb schließlich zum Schulleiter zitiert, mit den Worten »Schau Dir bloß Dein Zeugnis an: von oben bis unten nur Einsen, und in ›Benehmen‹ eine Drei. Wie kannst Du nur so eine gute Schülerin und gleichzeitig so ungezogen sein?!«

Auch das Gespräch mit meinem Cousin Paul beginnt Peggy mit liebevollen Anekdoten aus ihrer Kindheit. Eine ihrer liebsten Geschichten handelte vom jüdischen Religionsunterricht, den sie neben der Schule eher widerwillig in der örtlichen Synagoge besuchte.

»Meine Eltern waren sehr religiös,« erzählt Peggy. »Sie bestanden darauf, dass ich einmal wöchentlich ins Cheder[1] ging, wo Hebräisch, jüdische Geschichte und Religion gelehrt wurden, alles sehr traditionell. Der Unterricht dort wurde von einem ehrwürdigen, orthodoxen Rabbiner abgehalten, einem alten, bärtigen Mann. Der Rabbiner war so alt, dass er regelmäßig an seinem Pult einschlief, somit waren seine Stunden alles andere als spannend. Er saß mit seinem langen, rauschenden Bart stets vorne an einem großen Tisch, und während er eines Tages das hebräische Alphabet rezitierte, dämmerte er mittendrin dahin. Zur nächsten Stunde brachte ich eine Tube Klebstoff mit, und als der Rabbiner wieder eingeschlafen war, klebte ich seinen Bart kurzerhand auf dem Tisch fest. Dann zündete ich ein Stück Zeitung an und legte das brennende Papier ans andere Ende des Tisches. Alle fingen aufgeregt an zu rufen: ›Rebbe, es brennt!‹«

Peggy kichert: »Kannst Du Dir das vorstellen? So wild war ich. Deshalb ist mein Hebräisch nicht besonders gut, ich hätte damals wirklich mehr lernen können. Darum tut es mir heute leid…« – sie versinkt kurz in ihren eigenen Gedanken –, »aber ich hatte eine sehr glückliche Kindheit.« Peggy hatte eine große Familie, sie war die Älteste von fünf Geschwistern. Sie lebten in einer schönen, modernen Wohnung im Zentrum der Stadt, über dem familieneigenen Spirituosenhandel. Das Geschäft war schon immer im Familienbesitz, es war von Peggys Urgroßmutter gegründet worden, die zusammen mit der Familie wohnte.

Ihre Urgroßmutter Tilli schien, Peggys Erzählungen nach, ihre wichtigste Bezugsperson und ein großes Vorbild gewesen zu sein. Von niemandem sonst sprach sie so häufig und warmherzig, mit einem scheinbar endlosen Repertoire an Anekdoten. Bei jeder Gelegenheit zitierte Peggy die Weisheiten ihrer Ur-

---

[1] Hebräisch »Raum«: eine traditionelle Schule für die Grundlagen des Judentums und die hebräische Sprache

Koszyce, Polen, Ende der 1920er Jahre, Peggy (ganz rechts) mit ihren Eltern, Urgroßmutter Tilli und zwei Geschwistern. Dieses Foto tauchte nach dem Krieg in Rhodesien auf, es ist das einzige bis heute existente Bild von Peggys Familie (Privatarchiv Shirley Taeter)

großmutter, zum Beispiel wie Tilli noch im hohen Alter zu sagen pflegte: »Egal wie alt Du bist, Du lernst niemals aus.« Eine Lebensweisheit, die bis heute durch unsere Familie getragen wird.

Tilli war damals über 100 Jahre alt, sie war das inoffizielle Oberhaupt der Familie. »Wenn ich nur zu 5% so gut kochen könnte wie sie, dann wäre ich ein Genie« schwärmt Peggy im Gespräch mit Paul. »Meine Urgroßmutter verwöhnte mich wie niemand anderes. Regelmäßig steckte sie mir Süßigkeiten für den Heimweg von der Schule zu, was mir jedes Mal den Appetit verdarb und von meiner Mutter natürlich gar nicht gern gesehen wurde. Auch außerhalb unserer Familie war Tilli eine beliebte und allseits bekannte Frau, vor allem für ihre Weisheit. Von überall her pflegten die unterschiedlichsten Menschen anzureisen, um sie zu besuchen und ihren Rat einzuholen. Jeder nannte sie ›Babcia‹, Polnisch für Oma.

Meine Urgroßmutter Tilli hatte drei Ehemänner, die sie alle überlebte. Von ihrem ersten Ehemann bekam sie den Namen Weinstock. Gemeinsam hatten sie vier Kinder, eines davon war mein Großvater. Ein anderer von Tillis Söhnen ging weit vor dem Krieg nach England. Er gründete dort eine große Familie, deren Familiennamen sein ältester Sohn später von Weinstock zu Westen änderte. Nach dem Krieg fand ich meinen Großonkel in London wieder. Er war einer der wenigen Überlebenden unserer Familie und wurde 94 Jahre alt. Tilli starb noch vor Ausbruch des Zweiten Weltkriegs, im Alter von 107 Jahren. Kurz vor ihrem Tod durfte sie noch die Geburt ihres ersten Ururenkelkinds erleben. Dieses seltene Ereignis, als Mensch vier Generationen zu überdauern, gilt im Judentum als besonderer Segen. Ich liebte meine Urgroßmutter sehr. Tilli war so gut zu mir. Manchmal spreche ich noch heute mit ihr. Verrückt, oder?«

Die Kindheit in Polen prägte Peggy sehr und beeinflusste viele ihrer zukünftigen Entscheidungen: »Mein Ehemann wollte, dass unsere Töchter auf eine jüdische Schule gehen, doch ich bestand darauf, sie auf eine gemischte Schule zu schicken. Sie sollten es erleben, die Worte ›Scheiß Jude!‹ zu hören, und in der Lage sein, dagegen anzukämpfen.« Als die deutsche Besatzung in Polen schließlich allen Juden untersagte, die Schule zu besuchen, weinte Peggy zwei Wochen lang.

Kriegsbeginn

Nach Tillis Tod führte Peggys Vater das Familienunternehmen weiter, doch im Zuge des wachsenden Antisemitismus wurde ihm die Konzession für den Spirituosenverkauf aberkannt, und er verlor den Handel an einen polnischen Veteranen aus dem Ersten Weltkrieg: »Wir standen plötzlich vor dem Nichts, doch meine Eltern waren sehr fleißige Leute, die sich so schnell nicht unterkriegen ließen. Sie verwandelten das leere Ladengeschäft in eine Konditorei und bauten sich so eine neue Existenz auf, mit der sie die Familie ernähren konnten.«

Peggy flüstert an dieser Stelle fast, als sie weitererzählt: »Eines Nachts, während der polnische Veteran auf seine Spirituosenlieferung wartete, brachen Diebe in seinen Laden ein und erschossen ihn. Tot! Noch nie war so etwas in dem kleinen Ort geschehen, die Geschichte war daher in aller Munde. Man erzählte sich, der Mann habe seine verdiente Strafe bekommen für das, was er meiner Familie angetan hatte.«

*

Kurz vor Ausbruch des Kriegs besuchte Peggys Vater seinen Bruder in Afrika: »Mein Onkel, der immer schon als das schwarze Schaf der Familie galt, war in das damalige Rhodesien emigriert. Er war deutlich jünger als mein Vater und floh aus Polen, als meine Mutter mit mir schwanger war – ich hatte ihn also nie kennengelernt. Im Zuge der Entwicklungen in Europa hatte mein Vater inzwischen in Erwägung gezogen, mit unserer Familie ebenfalls nach Afrika auszuwandern. Er reiste also zu meinem Onkel, um sich die dortigen Lebensbedingungen anzuschauen. Als er zurückkehrte, wollte mein Vater nichts mehr mit seinem Bruder zu tun haben, doch er verlor kein Wort darüber, was zwischen den beiden vorgefallen war. Von einem Umzug nach Rhodesien war jedoch keine Rede mehr.«

Der Krieg begann am 1. September 1939 mit dem deutschen Überfall auf Polen. Peggy war 14 Jahre alt, fast sechs Jahre würden bis zu ihrer Befreiung in Bergen-Belsen vergehen.

»Zu Beginn des Kriegs flüchteten viele Juden von den großen Städten in kleinere Orte, da diese zunächst noch von den Nazis unberührt blieben, so auch Koszyce. Von der deutschen Besatzung wurde, als eine ihrer ersten Handlungen, ein sogenannter Judenrat eingerichtet, der den Nazis als verlängerter Arm zur Ausführung vieler ihrer Maßnahmen und Befehle dienen sollte. Hierfür setzten sie einflussreiche Mitglieder der jüdischen Gemeinden ein, unter ihnen auch einen meiner Onkel. Der Judenrat musste alle Befehle der Nazis unter der jüdischen Bevölkerung umsetzen, so zum Beispiel wurde ich dazu verpflichtet, zusammen mit einigen anderen jüdischen Mädchen Kartoffeln zu schälen. Die vielen deutschen Soldaten und ihre polnischen Hilfstruppen mussten verpflegt werden, es gab also viele Kartoffeln zu schälen – ich verbrachte Tage damit, ohne Entschädigung für meine Arbeit. Eines Tages, als ich wieder zu meinem Dienst aufbrechen musste, konnte ich meinen Schemel und das Messer nicht finden. Wie sich herausstellte war meine kleine, sechs Jahre jüngere Schwester mir heimlich zuvorgekommen und hatte die Arbeit an meiner Stelle angetreten. Sie wollte mich schützen, denn das Kartoffelschälen war hart und machte die Hände so kaputt. Sie sei schon ein großes Mädchen, hat sie gesagt, dabei war sie doch noch so klein!«

Peggys Stimme bricht, als sie von dieser kleinen, rührenden Geste erzählt, die Erinnerung an ihre Schwester ist sehr schmerzhaft. Ich habe meine Großmutter selten weinen sehen.

»Der Judenrat war auch für die Unterbringung der deutschen Befehlshaber zuständig. Die schönsten, luxuriösesten Anwesen mussten den Nazis zur Verfügung gestellt werden, in diesem Zuge wurden daher viele jüdische Familien aus ihren Häusern vertrieben. Der für Koszyce zuständige Offizier und seine Frau sollten im Haus einer der wohlhabendsten jüdischen Familien des Orts untergebracht werden, doch das alte, wenn auch prunkvolle Gebäude gefiel ihm nicht. Das sei ein stinkendes Juden-Haus, und er werde dort nicht bleiben, soll er geschrien haben.

Bei der weiteren Suche nach einer angemessenen Unterkunft fiel die Aufmerksamkeit des Offiziers auf unsere Wohnung. Es war eine großzügige, moderne 5-Zimmer-Wohnung mit Balkon und schönem Ausblick auf einen prominenten Platz im Zentrum der Stadt. Meine Mutter flehte ihn an, uns unser Zuhause nicht wegzunehmen. Da der Offizier und seine Frau nur zu zweit waren, ließen sie sich tatsächlich darauf ein, lediglich einen Teil der Räume für sich in Anspruch zu nehmen. Sie beschlagnahmten die drei großen, repräsentativen Zimmer im vorderen Teil der Wohnung, während unserer siebenköpfigen Familie nur noch die zwei kleinen Räume im hinteren Trakt blieben, die durch einen separaten Eingang getrennt waren. Doch die räumliche Beengung war nicht das Schlimmste. Von nun an gingen ständig Nazis im Haus ein und aus, manchmal gerieten sie aus Versehen durch den falschen Eingang in unsere Zimmer und beschimpften uns als dreckige Juden. Die Empörung war groß, dass man uns weiter in diesem Haus wohnen ließ. Schließlich hielten wir es dort nicht mehr aus, wir gaben unser Zuhause auf und suchten uns eine neue Bleibe.«

Peggy sah den deutschen Offizier später im Krakauer Ghetto wieder und wurde mit eigenen Augen Zeugin seiner unaussprechlichen Taten. Sie erinnert sich gut an den Mann: »Ich sehe das Gesicht noch vor mir, aber ich kann mich einfach nicht an seinen Namen erinnern. Er war ein sehr hochrangiger Deutscher, der für viele Tötungen verantwortlich war. Wie gerne hätte ich diesen verdammten Deutschen später…« – Peggy hält in ihrem Gedanken kurz inne – »gefunden.«

Auf der Flucht

»Durch seine Position im Judenrat erfuhr mein Onkel als einer der Ersten von der geplanten, sogenannten ›Aussiedlung‹: Alle Juden sollten zunächst in den größeren Städten gesammelt und anschließend in Ghettos deportiert werden. Der Onkel warnte meine Familie und riet uns, aufs Land zu fliehen, um uns dort versteckt zu halten. Seinem Rat folgend suchten meine Eltern einen Unterschlupf für uns bei ein paar Bauern im Umkreis. Anfangs hieß es noch, Mitglieder des Judenrats und ihre Familien dürften in den Städten bleiben. Doch von unserem ländlichen Versteck aus beobachtete ich eines Tages einen Juden-Transport, auf dem ich eine befreundete Familie erkannte. Der Familienvater arbeitete zusammen mit meinem Onkel im Judenrat – so ahnte ich, diese Gerüchte konnten nicht richtig sein.

Schließlich erging von den Deutschen der Befehl, jeder Pole, der Juden versteckt hielt, solle erschossen werden. Gleichzeitig wurden alle Juden aufgefordert, umgehend in die Städte zurückzukehren, woraufhin wir unseren Unterschlupf verlassen mussten. Das Risiko für unsere Beschützer wurde einfach zu groß. Auf dem Weg zurück zu unserer Wohnung trafen wir einen wohlhabenden, polnischen Landbesitzer mit seinem Kutschwagen, einer unserer ehemaligen Kunden aus dem Spirituosengeschäft. Auf der Kutsche war noch ein wenig Platz, jedoch nicht ausreichend für uns alle. Meine Mutter und meine zwei jüngsten Geschwister fuhren mit dem Herrn in die Stadt, während ich mit meinem Vater und den anderen beiden Geschwistern zurückblieb. Wir fanden mit ein paar Bauern eine andere Mitfahrgelegenheit zurück nach Koszyce, wo wir noch vor meiner Mutter eintreffen sollten.

Sobald wir zu Hause angekommen waren, wollte ich unbedingt herausfinden, was in der Stadt vor sich ging. Zu diesem

Zeitpunkt mussten alle Juden sich bereits durch die Armbinde mit dem Davidstern als solche kenntlich machen. Um nicht entdeckt zu werden, wickelte ich mich also in eine große Stola, die meine Binde verhüllte, und machte mich auf den Weg.

Die Stadt war wie leergefegt. Am Rathausplatz traf ich einen ehemaligen jüdischen Polizisten – auch die polnische Polizei war inzwischen Bestandteil des nationalsozialistischen Systems und wurde von den Deutschen für ihre Zwecke instrumentalisiert. Ich solle sofort verschwinden, warnte der Polizist, sonst würde ich auf der Stelle erschossen. Jeder Jude, der entdeckt würde, werde sofort erschossen, erklärte er eindringlich weiter, ich solle schnell zurück zu meiner Familie laufen und das allen mitteilen.

Die wenigen Polizisten waren die einzig Verbliebenen in der Stadt. Weder mein Onkel noch sonstige Mitglieder des Judenrats oder mir andere bekannte Menschen waren noch dort aufzufinden. Selbst die Polizisten wurden schlussendlich erschossen, erfuhr ich später, nachdem sie nicht mehr benötigt wurden.

Ich lief zurück nach Hause, vollkommen betäubt von dem Schock, der Vorstellung, wir könnten alle erschossen werden... Ich verstand gar nichts mehr, konnte das alles nicht begreifen. Zu Hause angekommen erzählte ich meinem Vater von all diesen Erlebnissen, ich war völlig aufgelöst. Dann weiß ich nur noch, wie ich hinaus auf die Toilette rannte, die sich draußen im Hof befand, denn ich hatte schreckliche Magenkrämpfe. Danach kehrte ich nie zurück. Ich kann nicht erklären, was in diesem Moment mit mir passiert ist, aber ich rannte einfach. Ich sehe meine Schwester noch dastehen, draußen im Hof, mit einigen meiner Kleider über dem Arm. Doch ich rannte davon, ohne etwas mitzunehmen. Ich lief hinaus in die Felder, lief einfach weiter und weiter. Es war das letzte Mal, dass ich meine Familie sah. Meine Mutter war ja noch gar nicht zu Hause angekommen, ich sah sie nie wieder.«

Paul hat viele Fragen zu dieser Situation an unsere Großmutter, doch mehr kann Peggy über diesen traumatischen Moment nicht berichten. Nur fetzenhaft scheint ihre Erinnerung an das Erlebte und die darauffolgenden Ereignisse. Der Schock und die Ohnmacht sind ihr heute noch ins Gesicht geschrieben.

»Ich rannte und rannte, bis ich schließlich ans Ufer der Weichsel geriet. Mir fiel ein, dass ein Freund von mir sich in einem kleinen Dorf auf der anderen Seite des Flusses versteckt hielt, ich war zuvor noch nie dort gewesen. Der Junge war zusammen mit seinem Cousin bei einer polnischen Familie untergekommen. Jener Cousin wohnt heute in Amerika, doch mein Freund hat den Krieg nicht überlebt.

Ich fand zu ihnen und wurde von den Leuten freundlich aufgenommen. Allerdings hatten sie in ihrem Haus keinen Platz mehr für mich, so dass sie mich ins Nachbarhaus schickten, wo ein Schwager der Familie eine Metzgerei betrieb. Die Familie hatte einen kleinen Sohn, das weiß ich noch, doch ihre Namen sind mir leider entfallen. Dort durfte ich mich in einem kleinen Hinterzimmer verstecken, was sich allerdings als sehr schwierig gestaltete: Die einzige Toilette befand sich draußen, auf der anderen Seite des Hofes. Um nicht entdeckt zu werden, durfte ich die Toilette den ganzen Tag über nicht benutzen, sondern erst, nachdem es dunkel wurde. Hätten die Nachbarn mich gesehen, wäre dies das Todesurteil für die ganze Familie gewesen.

Ich blieb nicht lange in dem Versteck, denn ich hatte ja nichts bei mir, noch nicht einmal Kleidung. Also beschloss ich, nach Hause zurückzukehren und meine Eltern zu suchen. Abermals lief und lief ich, bestritt den ganzen Weg zu Fuß – aus Angst, entdeckt zu werden, vermied ich alle Hauptverkehrswege und schaffte es unerkannt zurück in die Stadt. Dort erfuhr ich, dass meine Eltern mit meinen Geschwistern in ein weiter entfernteres Dorf geflohen waren. Unterwegs waren sie ihres letzten Hab und Guts beraubt worden.

Mit ein paar Złoty, die ich so gerade zusammenbekam, organisierte ich eine Pferdekutsche, um meiner Familie hinterher zu reisen. Doch kurz bevor ich aufbrechen wollte, erreichte mich die Nachricht, dass nun auch dieses Dorf von den Deutschen geräumt worden war – offenbar war niemand mehr dort, und so war die Spur zu meinen Eltern wieder verschwunden.

Aus der Schule hatte ich eine sehr enge, nicht jüdische Freundin namens Janka. Janka kam aus einer armen Familie, früher hatte ich sie oftmals mit nach Hause genommen, hatte alles mit ihr geteilt. Nun war es Janka, die mich zu sich holte, mir sogar ihr eigenes Bett zur Verfügung stellte, während sie selbst auf dem Fußboden schlief. Janka half mir auch, die Stadt wieder unentdeckt zu verlassen. Eines Nachts schlichen wir zusammen aus dem Ort, am Friedhof entlang, durch die entlegensten Gassen, damit ich zurück in mein Versteck bei der polnischen Familie auf dem Land kehren konnte. Kurz bevor der Tag anbricht, ist die Nacht am dunkelsten, wusstest Du das?«

Meine Großmutter schmunzelt, während sie Paul diese kleine Weisheit erklärt, die sie in jener Nacht von ihrer Freundin lernte, als die beiden auf genau diesen entscheidenden Moment warteten, um sich im Schutze der Dunkelheit durch die Stadt zu schlagen. Obwohl Peggy und Janka sich danach lange Zeit nicht wiedersahen, fanden die beiden Freundinnen nach dem Krieg wieder zueinander, noch bis ins hohe Alter blieben sie in Kontakt.

Peggy kehrte auf der Suche nach ihrer Familie ein zweites und letztes Mal in ihren Heimatort zurück: »Diesmal fand ich eine Postkarte von meinen Eltern mit der Nachricht, sie seien in das Lubliner Ghetto deportiert worden. Das war sehr weit entfernt. Auf der Karte stand auch eine Adresse. Noch eine Zeit lang tauschte ich über einen polnischen Bekannten Briefe mit meinen Eltern aus, manchmal schickte ich ihnen auf diesem Weg sogar kleine Päckchen nach Lublin, mit Zigaretten für meinen Vater. Schließlich hielt ich es nicht mehr aus, ich wollte zu ihnen.

Doch meine Eltern flehten mich an, unter keinen Umständen in das Ghetto zu kommen.

Irgendwann hörten die Briefe auf, das Lubliner Ghetto war liquidiert worden. Ich glaube, die Gefangenen wurden nach Treblinka deportiert – eine Endstation, dort gab es nur Gaskammern.«

Für Peggy war klar, dass sie weder in ihrem Heimatort noch in dem bisherigen Versteck bei dem Metzger länger bleiben konnte, es wurde immer gefährlicher: »Ich ging nach Szczurowa, 10 km südlich von Koszyce. Dort lebte unsere Hebamme, die alle fünf Kinder meiner Eltern zur Welt gebracht hatte. Sie und ihr Mann, die Koguts,[2] waren gute Freunde von uns geworden. So beschloss ich, nach ihnen zu suchen.

Auf dem Weg nach Szczurowa begegnete ich einem Mann, der mich unterwegs ein Stück auf seinem Wagen mitnahm. Als er nach meinem Ziel fragte, erfand ich schnell eine Geschichte: Ich müsse dringend die Hebamme holen, denn meine Schwester bekäme ein Baby. Erst als ich auf dem Wagen saß, sprach der Mann mich plötzlich auf meine Urgroßmutter an – wie sich herausstellte, war er ein alter Kunde aus dem Spirituosengeschäft. Trotz meiner lumpigen, bäuerlichen Kleidung hatte er mich als Tillis Urenkelin erkannt. Ich wurde vorsichtig – wissend, dass ich kaum jemandem mehr trauen konnte. Unter fadenscheinigen Gründen ließ ich mich bei nächster Gelegenheit absetzen und war wieder auf meine Füße angewiesen.«

Meine Großmutter hält in ihrer Erzählung inne. »Den Polen konntest Du nicht trauen. Sie waren die Schlimmsten«, sagt sie, mit Nachdruck in ihrer Stimme. Ein Satz, den ich sie oftmals sagen hörte.

»Ich gelangte schließlich zu den Koguts und schlief einige Tage bei der Hebamme und ihrem Mann im Keller. Doch mein

---

[2] Name schwer verständlich

Ziel war es, nach Krakau zu reisen, wo ich von einem alten Bekannten namens Bodenstein[3] gehört hatte, er könne gefälschte
Papiere anfertigen.

Die Hebamme war eine wundervolle, fürsorgliche Frau, sie
begleitete mich persönlich mit dem Zug nach Krakau. Ich hatte
nur sehr wenig Geld, doch zu dieser Zeit konnte man vieles auf
dem Schwarzmarkt verkaufen. Für die Fahrt nach Krakau organisierte die Hebamme für mich ein großes Stück Speck, was
ich später zu Geld machen sollte. Sie verkleidete mich wie eine
Bäuerin, steckte mich in ein langes, wallendes Kleid und klebte
mir eine Augenklappe über ein Auge. Den Speck band sie mit
einem Seil um meinen Bauch, so war er gut versteckt unter der
ganzen Kleidung. Mit dieser Maskerade getarnt machten wir uns
gemeinsam auf die Reise.«

---

[3] Name schwer verständlich

Krakau

In Krakau war Peggy wieder auf sich allein gestellt, doch sie hatte einen Plan: »Von meinem Großvater mütterlicherseits wusste ich von einer Art Kooperative, über die jüdische Bauern ihre Lebensmittel austauschten, nachdem ihnen jeglicher Handel verboten worden war. Mein Großvater war ein bekannter, respektierter Geschäftsmann. Er hatte seine Kontakte genutzt, um eine Verbindung von der Bauernkooperative nach Krakau herzustellen, wo er ein Lebensmittelgeschäft belieferte. Ich hatte so oft seine Lieferungen zur Post gebracht, dass ich noch den Namen und die Adresse auf den Paketen erinnerte. Dieses Geschäft war meine erste Anlaufstelle in Krakau.

Die Besitzerin war glücklicherweise eine außerordentlich nette und hilfsbereite Frau. Sie war sehr gut zu mir – noch bis zu meiner Festnahme trug ich eine schwarze Plüschmütze, die sie mir gegeben hatte. Im Nachbarhaus befand sich eine Schreinerei, die auf wunderschöne, handgemachte Schaukelpferde spezialisiert war. Dort organisierte sie für mich einen Schlafplatz, auf dem Fußboden.

Die Werkstatt gehörte, wie sich herausstellen sollte, allerdings einem ekelhaften, alten Mann. Er war widerlich. Aber ich konnte ja nicht wählerisch sein, es ging schließlich ums Überleben… Eines Nachts jedoch versuchte dieser schmutzige Schreiner, mit mir zu schlafen. Ich erzählte sofort der Nachbarin davon, die mir ohne zu zögern half, eine neue Bleibe zu finden: Am anderen Ende der Stadt kannte sie eine Frau, die als Fahrkartenkontrolleurin in der Tram arbeitete. Da sie im Nachtdienst tätig war und daher tagsüber schlief, durfte ich während der Nächte ihr Bett benutzen. Lange konnte ich allerdings auch dort nicht bleiben, da Gerüchte von Festnahmen in der Gegend die Runde zu machen begannen.«

In ihrer verzweifelten Lage versuchte Peggy, jeden zu kontaktieren, der ihr irgendwie aus ihrem früheren Leben in Erinnerung kam: »Ich fand einen ehemaligen Kunden meiner Eltern aus der Konditorei wieder, ein erfolgreicher Geschäftsmann namens Cheschek,[4] der in Krakau ein gut laufendes Schuhgeschäft führte. Cheschek war schon etwas älter, ich glaube, er hatte etwas für mich übrig... Doch zwischen uns ist nie etwas passiert. Vor allem sein Bruder Radvan[5] sollte sich als sehr hilfreicher Kontakt herausstellen, er war der Chef der örtlichen Feuerwehr.

Andere Bekannte meiner Eltern, die oft bei uns in Koszyce untergekommen waren, machten mich mit einem jungen Mann bekannt. Er kam aus Litzmannstadt und schaffte regelmäßig goldene Dollarmünzen nach Krakau. Er schmuggelte die Münzen, indem er sie in Lebensmitteln versteckte – mal wurde das Geld in einen ausgehöhlten Apfel, ein anderes Mal in einen Laib Brot gestopft. Das ging auch manchmal schief, schließlich war ein Laib Brot damals schon einen Diebstahl wert. So ging der ein oder andere Dollar verloren... Über dieses neugeschaffene Netzwerk konnte ich mir ein kleines Einkommen aufbauen, indem ich das geschmuggelte Geld zu Radvan brachte, um es dort gegen eine kleine Provision in Złoty zu tauschen. Für die wohlhabenden Brüder schienen die Dollar eine gute, sichere Investition zu sein, also kauften sie viel davon.«

Mit ihrem gesparten Geld von dem verkauften Speck und dem neuen Tauschgeschäft konnte Peggy sich schließlich die gefälschten Papiere leisten: 2.000 Złoty zahlte sie dafür. Mit diesem Tag und ihrer künstlichen Identität bekam meine Großmutter ein neues Geburtsdatum, was sie auf dem Papier fast zwei Jahre jünger machte. Später würden wir uns oft fragen, was denn nun eigentlich ihr tatsächliches Alter sei, denn dieses fiktive Datum

---

[4] Name schwer verständlich
[5] Name schwer verständlich

sollte Peggy fortan für immer begleiten. Die gefälschten Papiere halfen ihr damals, ihre Tarnung aufrechtzuerhalten – doch lange sollte ihr dies keinen Schutz bieten.

»Immer, wenn ich an das andere Ende der Stadt zur Feuerwehrstation fuhr, musste ich mit der Tram die Weichsel überqueren. Von der Brücke aus konnte man in das Krakauer Ghetto hinabschauen. Das Grauen war unerträglich. Ich konnte sehen, wie die Menschen dort erschossen wurden, wie Babys an den Mauern des Ghettos totgeschlagen wurden, wie ihre kleinen Körper buchstäblich daran zerschellten. Es war unsagbar fürchterlich, erschütterte mich zutiefst. Das war eine große, sogenannte ›Säuberungsaktion‹, sie räumten das Ghetto. Panik stieg in mir auf, erkannt zu werden. Ich hatte große Angst.

Eines Tages, auf einem meiner Wege durch die Stadt, sah ich einige der polnischen Soldaten aus Koszyce, für die ich damals hatte Kartoffeln schälen müssen. Sie huben irgendwelche Gruben aus, ich weiß nicht genau wofür. Während ich die Truppe aus sicherer Entfernung beobachtete, erkannte ich unter ihnen plötzlich den Befehlshaber, wie er die Soldaten dirigierte und Anweisungen erteilte: Es war der deutsche Offizier, der einst unsere Wohnung eingenommen hatte! Ich rannte um mein Leben.

Inzwischen war die Räumung des Ghettos in vollem Gange, die Menschen wurden von dort größtenteils in das Lager Płaszów deportiert. Im Zuge der Transporte gelang es immer wieder einigen Insassen des Ghettos zu entkommen, weshalb um das Gelände herum eine Art Geheimpolizei patrouillierte. Diese Polizei bestand weitestgehend aus den sogenannten Volksdeutschen, die sowohl Deutsch als auch Polnisch sprachen.

In der Umgebung lebten alte Familienfreunde von uns, die mir angeboten hatten, sie jederzeit zu besuchen. Es tat so gut, zwischendurch für ein paar Stunden irgendwo untertauchen und Luft holen zu können, ich war sehr dankbar für diese kurzen Momente. Unsere Freunde wohnten am Platz Ducha, ganz in

Krakau, Polen, Deportation der Juden aus dem Ghetto in das Lager Płaszów (Yad Vashem Photoarchiv, Jerusalem)

der Nähe des Ghettos. Eines Tages, als ich wieder auf dem Weg zu der Familie war, wurde ich plötzlich von einem Geheimpolizisten angehalten. Ich war ein dunkelhaariges Mädchen, nicht blond wie so viele Polen, vermutlich war ich ihm deshalb direkt aufgefallen. Erst als er forsch das Revers seiner Jacke aufschlug, offenbarte ein Abzeichen seine Identität. Der Polizist verlangte meine sogenannte Kennkarte, woraufhin ich ihm die gefälschten Papiere reichte. Er schaute mir scharf ins Gesicht, während er die Dokumente kontrollierte, prüfte jedes Anzeichen einer verräterischen Reaktion. Du kannst Dir vorstellen, wie man sich in so einem Moment fühlt… Ich begegnete seinem Blick selbstbewusst und erwiderte in glasklarem Polnisch: ›Was schaust Du mich so frech an?!‹ Der Polizist entschuldigte sich und verschwand.«

✻

27

In der Nacht, bevor sie verhaftet wurde, träumte Peggy von zu Hause: »Im Traum wollte meine Mutter mich vor den Deutschen beschützen. Sie baute mir ein Versteck unter dem Küchentisch, wie eine Höhle, um die sie ringsherum Zeitungspapier klebte. Was für ein verrückter Traum, oder? Ich habe ihn natürlich ignoriert.

Als ich am nächsten Tag das Haus verließ, wurde ich gefasst. Die Gestapo kontrollierte auf der Straße die Menschen auf ihre Arbeitskarten – jeder ohne Tätigkeit sollte zum Arbeiten nach Deutschland deportiert werden. Auch ich wurde angehalten. Ich dachte an meinen Freund Cheschek, den Schuhverkäufer, der angeboten hatte, mir einen Job bei einer Krakauer Zeitung zu besorgen. Ich hatte abgelehnt, zu groß war meine Angst, von den polnischen Mädchen dort denunziert zu werden. Nun hätte dieser Job mich vielleicht retten können.

Ich trug den zerfledderten alten Mantel meiner Mutter – es war vielmehr ein Skelett von einem Mantel, denn das Futter hatte sie damals abgeben müssen, es zählte zu den Luxusgütern, die Juden nicht mehr erlaubt waren. In den Saum des Mantels hatte ich den letzten Brief meiner Eltern und ein Foto meiner Familie eingenäht, es war alles, was ich noch von ihnen hatte.

Die Polizisten durchsuchten mich von Kopf bis Fuß, fanden die Erinnerungsstücke und prüften meine Papiere eingehend. Nachdem sich die Adresse in meinem Ausweis als falsch herausstellte, wurde ich festgenommen.«

Peggy war 18 Jahre alt.

✳✳✳

Mit dem Überfall der Wehrmacht am 1. September 1939 begann die Besetzung Polens. Ein Teil Polens wurde dem Deutschen Reich angegliedert. Der andere Teil, das Generalgouvernement, wurde am 25. Oktober 1939 Hans Frank (1900-1946) als Generalgouverneur unterstellt. Hans Frank, ein Jurist, trat bereits 1923 in die NSDAP ein. 1933/34 war er bayerischer Justizminister, ab 1934 Reichsminister ohne Geschäftsbereich (Klee 2003: 160). Als Generalgouverneur residierte er auf der Krakauer Königsburg, dem Wawel. Sie liegt auf einem Kalksteinhügel am Rande der Krakauer Innenstadt am nördlichen Weichselufer.

Hans Frank lebte dort wie ein autoritärer Herrscher in Luxus und Prunk; seine Ehefrau Brigitte behängte sich mit enteignetem Schmuck aus ehemals jüdischem Besitz. Der jüngste Sohn Niklas (geb. 1939) wurde wie ein kleiner Prinz in schweren Limousinen von Chauffeuren durch die Gegend gefahren. Er wurde der größte Kritiker seines Vaters. Niklas Frank setzt sich bis heute mit seinem familiären Erbe auseinander (zuletzt: Frank 2016).

Bereits Anfang Oktober 1939 wurden die ersten Schritte des Prozesses getan, Juden in Ghettos einzusperren, drei Wochen vor Errichtung des Generalgouvernements (Michmann 2011: 93-99). Dennoch gab es keine zentrale Anweisung zur Ghettoisierung, es handelte sich jeweils um Initiativen von Lokalbehörden. Die Ghettoisierung im besetzten Polen war nicht systematisch und vollständig. In Dutzenden von Ortschaften – hauptsächlich kleineren Städten und Dörfern mit geringer oder mäßiger jüdischer Bevölkerung (bis 15.000 Juden) – lebten die Juden weiterhin wie bisher in ihren Häusern, ohne dass dort je ein Ghetto errichtet worden wäre – während dagegen häufig, wenn auch nicht immer, ein Judenrat eingesetzt wurde. »Es gab die Strategie der SS, die jüdischen Gemeinden durch Judenräte zu kontrollieren« und eine Politik der Ausgrenzung der Juden mittels Gesetzen und Verordnungen zu etablieren, »wie man das in den dreißiger Jahren in Deutschland und Österreich konsequent praktiziert hatte – nunmehr allerdings gewaltsamer und härter« (ebenda: 98). Während dieser Zeit fanden in verschiedenen Regionen ununterbrochen Vertreibungen von Menschen statt, je nachdem als »Aussiedlung«, »Umsiedlung«, »Räumung« oder »Abschiebung« bezeichnet.

Im Generalgouvernement lebten 1,5 Millionen Juden. »Während der ersten sechs Monate der Besatzung gab es wenig Planung und viel Konfusion« (Hilberg 1999: 225-232). »Die administrativen Vorbereitungen wurden zwar zügig abgewickelt, doch die eigentliche Bildung der Ghettos kam nur schleppend voran.« Schon Anfang November 1939 hatte Frank angeordnet, eine Kennzeichnung (weiße Armbinde mit blauem Davidstern) einzuführen, »diese Anordnung wurde mit Verordnung vom 23. November 1939 in Kraft gesetzt«. Eine Generalgouvernements-Verordnung vom 11. Dezember 1939 beschränkte die Umzugsmöglichkeiten der Juden auf die Grenzen ihres Wohnbezirks und verhängte von 21:00 Uhr abends bis 5:00 Uhr morgens eine Ausgangssperre. »Die bedeutendste Konzentrationsmaßnahme vor Errichtung der Ghettos war die Bildung von Judenräten. Aufgrund einer Generalgouvernements-Verordnung vom 28. November 1939 hatten alle jüdischen Gemeinden bis zu 10.000 Mitgliedern einen 12-köpfigen, alle Gemeinden mit mehr als 10.000 Mitgliedern einen 24-köpfigen Judenrat zu wählen. Wie im Reich setzten sich die Judenräte auch in Polen aus jüdischen Führern der Vorkriegszeit zusammen.«

Zu den Aufgaben der Judenräte gehörten »die Weitergabe deutscher Weisungen und Anordnungen an die jüdische Bevölkerung, der Einsatz jüdischer Polizeikräfte zur Durchsetzung deutscher Befehle, die Auslieferung jüdischer Vermögenswerte... an den deutschen Feind« (ebenda: 228). Die Mitglieder eines Judenrats wurden für die Durchführung sämtlicher Anweisungen persönlich verantwortlich gemacht.

Die drei Vorbereitungsschritte – Kennzeichnung, Bewegungsbeschränkungen und Errichtung eines jüdischen Kontrollapparats – erfolgten bereits in den allerersten Monaten der Zivilverwaltung. Doch dann verstrich ein ganzes Jahr, bevor die Bildung der Ghettos ernsthaft in Angriff genommen wurde. Für die in Krakau zurückgebliebenen Juden wurde am 20. März 1941 ein Ghetto eingerichtet. Das Lubliner Ghetto entstand im April 1941.

Unterstützung erhielten die deutschen Besatzer häufig von sogenannten »Volksdeutschen«. Dabei handelte es sich um Personen, die in Ländern außerhalb der Grenzen des Deutschen Reichs von 1937 in »Sprachinseln« oder »Streusiedlungen« lebten und ursprünglich deutscher Herkunft waren. Oftmals sprachen sie allerdings kaum Deutsch. Diese erhielten vielfach durch das nationalsozialistische Regime die deutsche Staatsangehörigkeit, denn sie waren in der Regel keine deutschen Staatsbürger (Brockhaus 1974: 693).

Die jüdische Bevölkerung Krakaus lebte in dem Stadtteil Kazimierz. Er liegt im Südosten der Stadt nördlich der Weichsel. Kazimierz war aus verschiedenen Dörfern entstanden und erhielt 1335 seinen Namen von dem Gründer, König Kasimir dem Großen (Schenk 2010: 26). Im 15. Jahrhundert veranlasste König Jan Olbracht die Übersiedlung der Juden Krakaus nach Kazimierz (Borjans 1987: 121). In Krakau lebten vor dem Zweiten Weltkrieg 70.000 Juden.

Das Krakauer Ghetto wurde in dem Stadtteil Podgórze errichtet, der sich südlich von Kazimierz befindet – über die Weichsel hinweg im Süden von Krakau. Durch das Ghetto fuhr eine Straßenbahn, deren Türen und Fenster bei der Durchfahrt versiegelt wurden. Im Ghetto durfte niemand aussteigen und niemand einsteigen, es gab keine Haltestellen. Im Ghetto lebten 20.000 Menschen auf engstem Raum (Teege/Sellmair 2016: 59f.).

Das Krakauer Ghetto wurde am 13./14. März 1943 aufgelöst. Peggy hatte auf ihrer Flucht und bei dem Versuch, sich zu verstecken, die Ermordungen im Krakauer Ghetto beobachtet. Sie war im Süden Krakaus, südlich von der Weichsel, und konnte von oben sehen, wie die Leute im Ghetto ermordet wurden. Eine solche Szene ist auch aus dem Film »Schindlers Liste« bekannt, als Oskar Schindler, hoch zu Ross, mit einer Freundin die Liquidation des Ghettos beobachtet.

Maßgeblich an der Liquidierung des Ghettos war Amon Göth (1908-1946) beteiligt. Amon Göth wurde am 11. Dezember 1908 in Wien geboren, als einziges Kind einer katholischen Verlegerfamilie (ebenda: 40-42). Er ging nach der zehnten Klasse von der Schule ab.

Schon als 17-Jähriger begeisterte er sich für faschistische Jugendorganisationen. Göth wurde 1931 Mitglied der NSDAP, bald darauf der SS. Im März 1940 meldete sich Amon Göth zur Waffen-SS und verließ Wien in Richtung Polen.

Die jüdische Bevölkerung Polens wurde schließlich aus den Ghettos in die Vernichtungslager deportiert und ermordet. Bereits 1941, also noch vor der Wannseekonferenz, wurde Hans Frank initiativ. Hitler hatte ihm im März 1941 zugesichert, dass das Generalgouvernement das erste Gebiet sei, das judenfrei gemacht werde (Hilberg 1999: 505-518). Hans Frank sagte, mit den Juden müsse »so oder so Schluss gemacht werden«, »wir müssen die Juden vernichten, wo immer wir sie treffen…«.

Die jüdische Bevölkerung aus dem Distrikt Krakau wurde nach Belzec deportiert. Das Lubliner Ghetto wurde zwischen dem 17. und 20. April 1942 aufgelöst bzw. dezimiert. Etwa 30.000, eher 36.000 Ghetto-Bewohner wurden abtransportiert, wobei die Transporte nicht nach Majdanek, was nur einen Fußmarsch vom Ghetto entfernt lag, gingen, sondern per Zug auch nach Belzec (Wachsmann 2016: 374f.). Ein anderer Teil der Lubliner Ghetto-Insassen wurde ins Vernichtungslager Sobibor deportiert.

Peggy vermutet, ihre Eltern seien 1942 in Treblinka ermordet worden. Über den Verbleib ihrer Familie ist bis heute keinerlei Dokumentation gefunden worden. Peggys Vater sei damals 44, ihre Mutter 36 Jahre alt gewesen, ihre Geschwister kamen vermutlich im Alter von 13, 10, 8 und 4 Jahren ums Leben.

Nach der Dokumentation von Raul Hilberg (1999: 509) kamen die Transporte nach Treblinka eher aus den Distrikten Warschau und Radom. Die Transporte aus den Ghettos des Distrikts Lublin gingen demnach eher in die Lager Sobibor und Belzec, möglicherweise nach dem Ende der Massendeportationen Mitte Dezember 1942 auch nach Majdanek.

Nach einer weiteren Quelle heißt es, dass die Transporte aus dem Distrikt Lublin in etwa 40 % nach Sobibor gingen, 39% nach Belzec,

14% nach Treblinka und etwa 7% nach Majdanek. Transporte aus dem Gebiet Krakau wurden demnach nahezu ausschließlich in die Vernichtungslager Auschwitz-Birkenau und Belzec geleitet (Schenk 2010: 105). Auschwitz war das einzige der hier genannten Vernichtungslager, das nicht im Generalgouvernement lag.

Die Aussiedlungen, Umsiedlungen, Transporte und Ermordungen wurden durch Einsatzgruppen, die SS oder die Ordnungspolizei durchgeführt. Zur Ordnungspolizei gehörte die Schutzpolizei samt den Polizeibataillonen (Goldhagen 1996: 219-241).

Gefangenschaft

Nach ihrer Festnahme brachten die Polizisten Peggy in ihr Hauptquartier und übergaben sie an den zuständigen SS-Hauptmann:

»Er war ein wichtiger, deutscher Offizier – später, durch die Nürnberger Prozesse, wurde er sehr bekannt. Ich sollte verhört werden. Die Wände waren rot verfärbt von den Blutflecken der Erschossenen, mit deren Schicksal man auch mir drohte. Sie schlugen mich, immer und immer wieder, im Versuch, die Quelle der gefälschten Papiere aus mir herauszubekommen – denn es war eine sehr gute Fälschung. Doch niemals hätte ich den Namen preisgegeben. Ich beharrte darauf, dass Fremde auf der Straße mir die Papiere zum Kauf angeboten hatten und dass ich mehr nicht wusste, bis sie schließlich von mir abließen.

Ich wurde eingesperrt. Doch sie brachten mich nicht nach Montelupich, in das normale, staatliche Gefängnis. Das Krakauer Ghetto war inzwischen menschenleer, nachdem alle Insassen in die Lager deportiert worden waren. Anschließend hatten die Deutschen in dem leerstehenden Ghetto ein Gefängnis eingerichtet. Dorthin brachten sie alle Juden, die zu diesem Zeitpunkt noch gefasst wurden – Menschen, die sich bis zuletzt versteckt oder mit gefälschten Papieren durchgeschlagen hatten, so nun auch mich.

Die Zellen waren winzig und überfüllt. Außer einem Eimer für die Notdurft gab es nichts als kahle Wände. Ich erinnere mich noch, wie die anderen Mädchen zu mir sagten, ich würde so schlimm schnarchen, das hörte ich damals zum ersten Mal. Ich glaube, es kam von der Anspannung. Etwa sechs Wochen verbrachte ich im Gefängnis, während derer ich viele Gefangene kommen und gehen sah. Die Menschen kamen aus ganz Polen. Ein Ehepaar aus Krakau – sie hießen ›Bagel‹ und führten eine Bäckerei, wie konnte ich das vergessen – hatte versucht, sich das

Leben zu nehmen. Die beiden hatten sich vergiftet, während sie sich in einer Ruine im Ghetto versteckt hielten, doch sie waren noch am Leben, als sie von den Deutschen gefunden und in die Zelle neben mir geworfen wurden. Über Tage musste ich miterleben, wie ihre Körper gegen das Gift ankämpften. Es waren grausame Qualen, doch schließlich überlebten sie. Ständig kamen neue Häftlinge, oder bereits Inhaftierte wurden abtransportiert – dann hieß es immer nur ›gehängt‹, ›erschossen‹, ›gehängt‹, ›erschossen‹… Die Menschen wurden zur Exekution nach Płaszów gebracht, das Lager, um das es in dem Film ›Schindlers Liste‹ geht.«

Paul erinnert sich an die Bilder – Peggy hat den Film mit jedem Einzelnen von uns Enkelkindern nacheinander im Kino gesehen.

»In Wirklichkeit steht heute in Płaszów kaum ein Gebäude mehr. Ich habe einen Moment gebraucht, um mich im Film auf dem Gelände zu orientieren, sie haben dafür wohl einiges nachgebaut.«

Płaszów

»Das Arbeitslager Płaszów befand sich auf einem ehemaligen jüdischen Friedhof, etwas außerhalb von Krakau. Nach etwa sechs Wochen im Gefängnis wurde auch ich dorthin deportiert. Ich war Teil einer größeren Gruppe von Gefangenen, die zum Lager marschieren mussten, wie Vieh wurden wir unter Waffengewalt von der SS getrieben. Dort, da war ich sicher, würden wir alle erschossen werden.«

Fast, als würde sie Paul beruhigen wollen, fährt Peggy fort: »Weißt Du, ich glaube, man fühlt das Töten nicht. Du fühlst die Kugel nicht, weil Du so taub bist, dass es Dich einfach nicht mehr kümmert ...

Schließlich erreichten wir das Lager. Direkt am Eingang befand sich die Villa von SS-Offizier Göth, dem Lagerleiter, von dem wir persönlich empfangen wurden. Göth pflegte üblicherweise zur Ankunft neuer Häftlinge ein paar Gäste zum Mittagessen einzuladen, mit denen er dann eine Art Jagdspiel veranstaltete, ein Wettschießen auf die Gefangenen. Man erzählte sich, er sei ein ordentlicher Trinker – von den Mädchen, die bei Göth im Haus arbeiten mussten, habe ich später einige Geschichten gehört.

Unsere Gruppe war scheinbar der erste Gefangenentransport, der von jenem Ritual verschont blieb – Göth hatte an diesem Tag gute Laune, hieß es. Zudem wurde gemunkelt, unter den Gefangenen befände sich der Bruder eines jüdischen Lagerpolizisten, auch dies könnte der Grund für unsere Rettung gewesen sein.

Als Göth vor unsere Gruppe trat, befragte er jeden Einzelnen von uns forsch: ›Was ist Dein Beruf?‹ Ich habe keine Ahnung, was mich dazu brachte zu antworten: ›Ich bin Schneiderin‹, doch ich wurde infolgedessen beiseite genommen. Meine

Płaszów, Polen, Lagerkommandant Amon Leopold Göth auf seinem Balkon (Yad Vashem Photoarchiv, Jerusalem)

Freundin Marischka[6] sagte daraufhin das Gleiche, sie lebt heute in New York. Herr Bagel war auch Teil unserer Gruppe, er erklärte, er sei Geschäftsmann – das gefiel Göth gar nicht, er wurde sehr wütend. Ich sah die Bagels nicht wieder.

Einige wurden von der Gruppe separiert, was mit ihnen geschah, weiß ich nicht. Vermutlich wurden sie erschossen. Wir Mädchen wurden mit einer kleinen Auswahl von Häftlingen in die Malerei gebracht, einer Art Werkstatt im Arbeitsteil des Lagers. Ich schätze, es waren damals insgesamt um die 23.000 bis 27.000 Gefangene in Płaszów.

Wann immer neue Häftlinge das Lager erreichten, kamen die anderen Insassen, um sich die Neuankömmlinge anzuschauen.

---

[6] Name schwer verständlich

›Neugeborene‹ wurden wir genannt, denn nur wenige schafften es an der Villa von Göth vorbei. Sie sagten, das sei ein Wunder.«

»Du hattest also einfach nur Glück?« fragt Paul.

»Ja.« Peggy nickt nüchtern. »Wir hatten nur die Kleidung, die wir am Leib trugen. Die meisten Gefangenen wurden mit großen gelben Quadraten auf der Vorder- und Rückseite ihrer Kleidung gekennzeichnet. Nur manche Gefangene, ich eingeschlossen, bekamen stattdessen einen gelben Kreis – das bedeutete, dass wir politische Gefangene waren«, Peggy lächelt, fast etwas stolz. »Als politischer Gefangener galt, wer durch gefälschte Papiere dem Ghetto entgangen war und quasi in Freiheit geschnappt wurde. Da man befürchtete, wir könnten noch immer in Kontakt zur Außenwelt stehen, durften wir nur innerhalb des Lagers Arbeit zugewiesen bekommen.«

Ein großer Teil von Płaszów bestand aus unterschiedlichen Fabriken, in denen die Häftlinge unter Zwang arbeiten mussten. Peggy wurde zur Textilfabrik Madritsch geschickt, einem bedeutenden Betrieb im Lager.

»Madritsch sei ›ein guter Deutscher‹, erzählte man sich unter den Häftlingen. In seiner Fabrik wurden Uniformen für die deutsche Armee hergestellt oder wieder instand gesetzt. Da ich ja meiner Behauptung gemäß Schneiderin war, setzte man mich an eine Nähmaschine. Glücklicherweise hatte ich damals in Koszyce, nachdem es allen Juden verboten worden war, die Schule zu besuchen, zusammen mit einer Freundin einen kleinen Nähkurs absolviert, um mir die Zeit zu vertreiben. Den Kurs hatte eine Modedesignerin gegeben, die aus Krakow nach Koszyce geflohen war, bevor das Ghetto errichtet wurde.

Es war irgendwie schön, durch die Arbeit in der Fabrik eine Beschäftigung zu haben, doch es war auch anstrengend. Zwölf Stunden täglich mussten wir nähen – das bedeutete entweder zwölf Stunden Tagschicht oder zwölf Stunden Nachtschicht. Immer sonntags wurden die Schichten getauscht, sodass man

Płaszów, Polen, weibliche Häftlinge bei der Arbeit im Lager
(Yad Vashem Photoarchiv, Jerusalem)

an diesem Tag 24 Stunden durcharbeiten musste. Für die Arbeit gab es keine Art von Entlohnung, noch nicht mal ein extra Stück Brot. Es war Sklavenarbeit.

Neben den größtenteils jungen Mädchen arbeiteten auch einige etwas ältere Frauen in der Schneiderei. Neben mir saß eine Dame, die von ihrer Tochter vor der Erschießung bewahrt und sozusagen ins Lager ›gerettet‹ worden war. Die Tochter, ein wunderschönes Mädchen, arbeitete in der Villa von Göth. Sie lebt heute in England, wie ich später durch Zufall erfuhr. Jahrzehnte später fiel mir ihre Autobiografie in die Hände, die auch Fotos von ihrer Mutter enthielt: ›I light a candle‹,[7] so heißt das Buch.

---

[7] Gena Turgel: »I light a candle«, HarperCollins 1987 (Taschenbuch-Ausgabe Routledge 1995, London)

Für die Älteren war es oftmals schwer, während der Arbeit die ganze Nacht wach zu bleiben, manchmal fielen ihnen einfach die Augen zu. Die Deutschen bewachten die Fabrik rund um die Uhr, dabei beobachteten sie die Frauen durch die Fenster. Wann immer die Wächter sahen, wie eine von uns einnickte, schossen sie. Ich schlief niemals bei der Arbeit ein.

Morgens, nach Ende der Nachtschicht, mussten wir auf dem Weg zu den Baracken noch Steine schleppen, bevor wir uns schlafen legen durften – angeblich für den Bau von weiteren Baracken. Ich bin sicher, es war pure Sklaventreiberei und diente nur unserer Erniedrigung.

In Płaszów wurden wir Zeugen vielzähliger Tötungen: Erschießungen, Erhängungen... Jeder Versuch einer Flucht, oder auch nur der Kontaktaufnahme zur Außenwelt, wurde durch Exekution geahndet. Alle Häftlinge wurden dann gezwungen, bei den Hinrichtungen zuzusehen. Abends, nach der Arbeit, musste sich das gesamte Lager auf dem Appellplatz aufstellen, wo jede Baracke von der Lagerpolizei kontrolliert und durchgezählt wurde. Der sogenannte Zählappell. Im Film hast Du diesen kleinen Appellplatz gesehen, aber in der Realität war der Platz gigantisch – 27.000 Menschen!

Eines Tages traf es einen inhaftierten Ingenieur, ich glaube, weil er versucht hatte, einen Zettel mit einer Nachricht nach draußen zu schmuggeln. Einer der ukrainischen Soldaten, die für die Deutschen arbeiteten, hatte ihn verpfiffen. Um der Erhängung zu entgehen, versuchte der Ingenieur, sich die Pulsadern aufzuschneiden, doch man fand ihn noch halb lebendig und brachte ihn im Rollstuhl zum Galgen.

Nach internationalem Recht dürfte eine misslungene Exekution eigentlich nicht wiederholt werden, im Falle eines zerrissenen Seils zum Beispiel. Wusstest Du das? Doch genau das passierte bei dem Ingenieur: sein Seil riss. Als Henker hatte man einen Juden bestimmt, eine weitere Drangsalierung der Deutschen. Sollte ihm das noch mal passieren, drohte man ihm, werde er der Nächste am Galgen sein.

Jede dieser grausamen Taten wurde auf dem Appellplatz zelebriert, untermalt von den Klängen des Gefangenen-Orchesters, deren Spiel über Lautsprecher durch das ganze Lager schallte. Mit Maschinengewehren sorgte die SS dafür, dass jeder einzelne Häftling zusah.

Eines Morgens wurde ein Freund aus unserer Krakauer Gruppe, ein Junge namens Haubenstock, der in einer Fabrik außerhalb des Lagers arbeitete, auf dem Weg zur Arbeit von einem ukrainischen Soldaten festgehalten, weil er die Katjuscha pfiff, ein bekanntes russisches Lied. Ich kam gerade von der Nachtschicht, als ich hörte, dass mein Freund gehängt werden sollte. Die Vorstellung, dies mit anzusehen, konnte ich einfach nicht ertragen. Also rannte ich davon.

Die Baracken, in denen wir schliefen, waren von oben bis unten mit dreistöckigen Pritschen ausgestattet, zwischen der untersten Pritsche und dem Fußboden gab es nur einen schmalen Spalt. Ich war recht mager, sodass ich mich so gerade in diesen Spalt hineinquetschen konnte, um mich dort zu verstecken.

Unweit von meiner Baracke entfernt befand sich eine Station der Lagerpolizei. Chilowicz, der Polizeihauptmann, war ein aufgeblasener, frauenverachtender Typ. Seine eigene Frau sah aus wie eine Hexe – sie war winzig, blond, mit einem streng-geschnittenen Pony, und trug immer einen ledernen Schlagstock mit sich. Sie erinnerte mich an eine Figur aus einem polnischen Kartenspiel. Jeden Tag führte mein Weg zur Arbeit unweigerlich an der Polizeistation vorbei, wo der Hauptmann gerne an der Ecke stand und hinter mir her pfiff. Ich schenkte ihm keine Beachtung, doch seiner Frau waren alle Mädchen ein besonderer Dorn im Auge, die von ihrem Mann so viel Aufmerksamkeit erhielten. Bei jeder Gelegenheit bekam ich daher ihren Schlagstock zu spüren.

Vermutlich Bergen-Belsen: Modell eines Folterinstruments mit dem Spitznamen »Billy der Bock«, ausgestellt im Lager (Yad Vashem Photoarchiv, Jerusalem)

So war es auch jene Frau des Polizeihauptmanns, die an diesem Tag mein Fehlen während der Hinrichtung bemerkte. Immerhin suchten sie so lange nach mir, dass ich der Tötung meines Freunds entgehen konnte. Doch schließlich fischten sie mich aus meinem Versteck und schleppten mich zur Bestrafung zum Appellplatz. Auf dem Platz gab es für solche Gelegenheiten spezielle Tische, die in der Mitte ausgehöhlt waren: Da wurde man bäuchlings hineingelegt, sodass man sich nicht bewegen konnte. Zur Strafe erhielt ich auf einem dieser Tische fünfundzwanzig Schläge auf meinen nackten Po. Es blutete sehr. Anschließend wurde ich zu 48 Stunden im Bunker verurteilt.

Der Bunker, eine Art Verlies, befand sich nahe der Villa von Göth. Er bestand aus einem schmalen, dunklen Gang, von dem mehrere, winzige Zellen abgingen. Die Zellen enthielten nur einen Eimer, zur körperlichen Erleichterung, und waren so klein, dass man darin nicht sitzen konnte.«

Paul unterbricht unsere Großmutter in ihrer Erzählung: »Wie meinst Du das, man konnte nicht sitzen?« »Na es war zu klein, um in die Hocke zu gehen – man konnte nur stehen.« Peggy zeigt die Größe einer viereckigen Fläche auf dem Tisch vor sich. Sie sieht Pauls ungläubigen Blick. »Ja, 48 Stunden im Bunker, ohne Sitzen« sagt sie. »Ich hab's überlebt.«

*

»Um die Fluchtversuche der Gefangenen zu unterbinden, hatte Göth eine Art Abschreckungsmaßnahme im Lager eingeführt: Für jeden geflohenen Häftling wurden im Gegenzug 25 andere Häftlinge erschossen. Vor meiner Zeit dort sollen es erst fünf gewesen sein, dann waren es 15, dann 25 Häftlinge. Zumeist traf es die Familienmitglieder der Geflohenen, sofern vorhanden, oder die anderen Bewohner ihrer Baracke, doch im Grunde konnten die Polizisten völlig willkürlich aussuchen – die Hauptsache war, sie brachten 25 Personen zur Erschießung.

Eines Morgens, ich kam aus der Nachtschicht und hatte mich gerade hingelegt, wurde ich aus dem Schlaf gerissen. Ein Bekannter aus meiner Heimat, er hieß Przeworski[8] und war entfernt mit meiner Familie mütterlicherseits verbunden, ließ mir aus einer anderen Baracke eine Nachricht zukommen: Er war als einer von 25 Häftlingen bestimmt worden, die am nächsten

---

[8] Name schwer verständlich

Tag erschossen werden sollten. Przeworski kam aus dem Ghetto in Bochnia, er war nur ein paar Jahre älter als ich. Seine Baracke beherbergte eine Gruppe von Insassen, die sehr harte, körperliche Arbeit verrichten mussten – Steine schleppen, Baracken bauen, das Härteste, was es im Lager zu tun gab. Nun war aus seiner Gruppe jemand entkommen, hieß es. Ein besonders perfider Polizist hatte sich daraufhin einen Trick überlegt, um die geforderten Häftlinge für die Erschießung zu bestimmen: Er war mitten in der Nacht in die Baracke gestürmt und hatte verkündet, wer jetzt sofort eine Stunde arbeiten ginge, der würde den ganzen nächsten Tag frei bekommen. Natürlich rannten einige der Häftlinge sofort los. Von ihnen nahm er 25, und diese sollten erschossen werden. Przeworski war einer von ihnen, mit der übermittelten Nachricht bat er um meine Hilfe.

Ich sprang auf. Inzwischen war ich recht gut im Lager vernetzt, kannte viele Leute, darunter Dr. Gross, einen der Lagerärzte, oder Finkelstein, einen der jüdischen Polizisten – es waren auch ein paar Nette unter ihnen.

Und tatsächlich: sie holten Przeworski raus aus der Gruppe der Verurteilten, vielleicht zehn Minuten bevor es zu spät gewesen wäre. Das Unglück war, dass an seiner Stelle ein Anderer hingerichtet werden musste. Ich kannte ihn nicht, hörte nur, es sei ein älterer Mann gewesen, vielleicht 70 oder 80 Jahre alt. Erst viel später erfuhr ich, dass auch ein alter Schulfreund von mir bei dieser Tötung hingerichtet worden war.

Przeworski lebt, er wohnt in Israel.« Peggy strahlt. »Als seine Kinder klein waren, schrieben sie mir eine Dankeskarte. Er hat geheiratet und zwei Söhne bekommen, ich habe sie manchmal in Israel besucht…«

»Kurz darauf wurden die Tötungen auf 50 Häftlinge erhöht.«

*

Peggy hatte im Lager eine Freundin namens Irka Flaumenhaft,[9] die seinerzeit ebenfalls mit gefälschten Papieren erwischt worden war: »Irka kam aus einer weniger religiösen, polnisch-jüdischen Familie, sie war sehr blond und ›polnisch‹ aussehend, was sich gut auf den Papieren machte. Zusammen mit ihrer Mutter war sie auf der Flucht gewesen, bis sie eines Tages gefasst wurde. Irkas Mutter jedoch hatten die Deutschen nicht geschnappt, sie lebte immer noch mit den gefälschten Papieren in Freiheit. Ab und zu schickte Irka ihrer Mutter heimlich Nachrichten nach draußen, und diese wiederum schmuggelte manchmal Geld oder andere Kleinigkeiten zu ihr ins Lager.

Von den Baracken aus konnte man, über die Bauten und Stacheldrähte hinweg, in der Entfernung die Gärten außerhalb des Lagers sehen. Manchmal verabredeten die beiden einen bestimmten Zeitpunkt, zu dem Irkas Mutter dorthin kommen würde, sodass sie sich aus der Ferne sehen konnten.

Einmal bat ich Irka, über ihre Mutter auch eine Nachricht von mir nach draußen zu schmuggeln. Ich wollte Radvan schreiben, dem Chef der Feuerwehr. Ich ließ ihn wissen, dass ich am Leben war und dass man mich nach Płaszów gebracht hatte – er hatte ja keine Ahnung, wo ich steckte. Radvan reagierte wahnsinnig nett, er schrieb mir daraufhin oft und schickte mir Geld.

Eines Tages brach ein Feuer im Lager aus. Ich musste unweigerlich an Radvan denken und erzählte ihm in einem Brief davon, auch, dass ich nach ihm Ausschau gehalten hatte – obschon ich wusste, dass der Chef der Feuerwehr wohl kaum persönlich an einem solchen Einsatz teilnehmen würde. Radvan hinterließ daraufhin strikte Anweisungen in der Feuerwehrstation: Sollte es noch einmal zu einem Feuer im Lager kommen, möge man ihn umgehend informieren, egal um welche Tageszeit.

---

[9] Name schwer verständlich

Monate später entbrannte tatsächlich ein zweites Feuer in Płaszów. Da wir Häftlinge jedoch strikt von der Brandstelle ferngehalten wurden, hatte ich keine Chance, auch nur in die Nähe der Feuerwehr zu gelangen. Hier kam mir mein Freund Wilek zur Hilfe. Er war einer der talentierten Rosner-Brüder, die für Göth im Orchester spielen mussten, weshalb er eine Uniform trug und sich unauffällig im Lager bewegen konnte. Ich bat Wilek, einen der Feuerwehrmänner anzusprechen und nach Radvan zu fragen. Und tatsächlich: der Feuerwehrmann deutete auf einen Herrn, der nur wenige Meter entfernt stand, er war in einen langen Schafsfellmantel und einen großen Fellhut gekleidet. Wilek führte Radvan zu mir und ließ uns beide allein, was natürlich streng verboten war. Wir hielten eine großzügige Sicherheitsdistanz und standen halb voneinander abgewandt, während wir uns vorsichtig unterhielten: ›Schnell, steig in den Wagen, ich hole Dich hier raus!‹ sagte Radvan. ›Ich kann nicht,‹ antwortete ich.

Radvan warnte mich eindringlich, ich würde im Lager nicht überleben – jeden Tag würden dort mehr und mehr Menschen getötet, er hätte draußen davon gehört. Natürlich würde man auch ihn töten, sollte er mit mir erwischt werden, das war uns beiden klar. ›Steig ein!‹ drängte Radvan wieder. ›Ich kann nicht,‹ erwiderte ich. ›Warum nicht?‹ Ich erklärte Radvan, dass man am nächsten Tag 50 Menschen meinetwegen erschießen würde. Selbst wenn ich eine Flucht überleben sollte, ich wäre nicht in der Lage, mit dieser Bürde zu leben.« Mit Tränen in den Augen hält Peggy in ihrer Erzählung inne. »Ich blieb.«

*

Peggy erzählt Paul von vielen weiteren Erlebnissen aus Płaszów: »Einmal stellte ein Freund mir einen bekannten jüdischen Künstler vor, damit ich mir vielleicht ein paar Złoty dazu verdienen könne. Der Künstler, ein älterer Mann um die 70 Jahre, suchte nach einem Modell für seine Zeichnungen. Nackt!« Peggy kichert. Sie sei ein ganz gutaussehendes Mädchen gewesen, schmunzelt sie, mit einer guten Figur. Also modelte sie für ihn.

»Zwei meiner Banknachbarinnen in meiner Baracke waren die Töchter von Morderchai Gebirtig, einem großen jüdischen Liedermacher, er war damals sehr bekannt. Gebirtig wurde im Krakauer Ghetto von den Deutschen erschossen, gemeinsam mit einer Gruppe polnischer Intellektueller, zu der auch der Vater einer meiner Freundinnen gehörte.

Die beiden Töchter sangen im Lager immer wieder ein Lied ihres Vaters, es sei eines seiner letzten gewesen, erzählten sie. Ich habe dieses Lied nach dem Krieg nie wieder gehört. Vermutlich haben seine Töchter nicht überlebt, und das Lied hat nie die Öffentlichkeit erreicht.« Peggy liegt es am Herzen, dieses Lied weiterzugeben. »Ich hoffe, ich bekomme die Wörter noch einigermaßen zusammen. Ich habe nicht die beste Stimme, also erwarte keine große Performance,« lacht Peggy. Dann singt sie.[10]

Chociaż Żydzi mówią Veto,	Obwohl die Juden Veto sagen,
Mimo wszystko będzie Ghetto,	Trotz allem wird es ein Ghetto geben,
tu w Podgórze będą wszyscy, tu.	hier in Podgorze werden alle sein, hier.
Który będzie z nich uparty,	Wer von ihnen stur sein wird,
będzie mieszkal bez Kennkarty,	wird ohne Kennkarte wohnen,
Oj żydoskie tsores będą tu.	Oh, jüdische Sorgen wird's hier geben.
Yidn zeynen nisht git	Juden sind nicht gut,
forts avek un nemt's mit	Fahrt es weg und nehmt es mit.
Żyd kominiarz i żyd lekarz,	Jüdischer Schornsteinfeger und jüdischer Arzt,
Żyd dozorca i żyd piekarz,	jüdischer Hausmeister und jüdischer Bäcker,
Oj żydowskie tsores będą tu.	Oh, jüdische Sorgen wird's hier geben.

*

In der Textilfabrik Madritsch arbeitete ein jüdischer Polizist namens Klausner,[11] den Peggy aus ihrer Heimat kannte, er war ein guter Bekannter ihrer Eltern gewesen: »Klausner lebte mit seiner Frau und ihrem kleinen Sohn im Lager, nachdem sie aus dem

---

[10] Text nach Gehör transkribiert und ins Deutsche übersetzt, Übersetzung Polnisch: Paulina Zeisner, Übersetzung Jiddisch: Uwe von Seltmann

[11] Name schwer verständlich

Krakauer Ghetto hierher deportiert worden waren. Da ich ganz allein war, hat seine Familie mich sehr herzlich in ihre Obhut genommen, sie behandelten mich wie ihr eigenes Kind.

Eines Nachts, während meiner Nachtschicht, es muss gegen 2 Uhr früh gewesen sein, kamen vier Polizisten in die Fabrik, um mich zu holen. Sie kamen im Auftrag von Hauptmann Chilowicz, er wollte Geschlechtsverkehr mit mir.

Klausner weigerte sich – auf keinen Fall werde er Chilowicz dieses Kind ausliefern, entgegnete er. Doch Klausner hatte keine Chance gegen die Macht des Polizeihauptmanns. Die Polizisten ergriffen mich und führten mich an einen dunklen Ort, eine Baracke vermutlich, ich erinnere mich nicht genau. Chilowicz wollte, dass ich ihn anfasste, mit ihm ›spielte‹. Ich spuckte ihm ins Gesicht. Chilowicz zeigte keine Reaktion, verlor nicht ein einziges Wort – er konnte keinen hoch bekommen!«

Paul scheint leicht peinlich berührt, ob dieser expliziten Ausführung. »Das kannst Du ruhig so aufzeichnen!« schmettert Peggy ihm entgegen. »Es war ein schreckliches Erlebnis. Er war so ein Bastard.« Nach diesem Ereignis hörte Chilowicz auf, hinter Peggy her zu pfeifen. Kurz darauf kam es zum Abtransport der Kinder: »Klausners kleiner Sohn, er hieß Romek, wohnte mit den anderen Kindern der jüdischen Polizisten in einer etwas privilegierten Baracke, nur für Kinder. Jüdische Aufseher und Polizisten aus den Ghettos durften ihre Kinder mit ins Lager bringen, manchen Familien war es sogar gestattet, zusammen in einer Familienbaracke zu wohnen.

Eines Tages entschieden die Deutschen, sämtliche Kinder fortzubringen. Zu diesem Anlass wurde das gesamte Lager zu einer der üblichen Versammlung auf dem Appellplatz beordert. Auf einmal konnte man auf der Straße, am Horizont, etwa einen Kilometer entfernt, große Lastwagen erkennen. Erst allmählich wurde uns das Grauen gewahr: Die Wagen waren mit den Kindern des Lagers gefüllt. Die Schreie der Häftlinge vermischten sich zu einer unerträglichen Kakophonie mit den Klängen des Orchesters, das aus den Lautsprechern dröhnte. Es war entsetzlich. Neben mir stand eine Frau, die ihr Kind auf einem der Lastwagen erblickte. Die Frau verfiel in hysterisches Lachen, sie hatte gänzlich den Verstand verloren.

Diese Szene wurde auch in Schindlers Liste gezeigt«, erklärt Peggy. Doch im Vergleich zu ihrer Erinnerung erscheint der Film ihr wie eine Miniaturausgabe der Geschehnisse zu sein. »Der kleine Romek Klausner entkam diesem schrecklichen Schicksal. Bevor die Deutschen ihn auf den Transporter laden konnten, sprang er in eine Latrine und versteckte sich in den Bergen von Kot. Der Junge überlebte, zusammen mit ein paar wenigen Anderen. Nach diesem Tag sah man in Płaszów keine Kinder mehr.«

*

»Es passierten so viele schreckliche Dinge in Płaszów«, erzählt Peggy: »An den hohen, jüdischen Feiertagen – wir hätten natürlich von alleine noch nicht einmal gewusst, welcher Tag es war – nahmen die Deutschen besonders alte, religiöse Juden beiseite. Sie mussten ihre eigenen Gräber schaufeln und wurden dann erschossen, sodass ihre Körper direkt in die Gräber hineinfielen.«

Peggy schloss Freundschaft mit einer jungen Frau aus Düsseldorf, mit der sie nicht nur das Schlaflager, sondern auch ihren Nachnamen teilte: Helena Weinstock:[12] »Helena und ich lernten im Lager gemeinsam zwei Brüder kennen, die bei Göth im Pferdestall arbeiteten, weshalb sie guten Zugriff auf Lebensmittel hatten. Einer der Brüder – ein hässlicher Typ, den ich völlig abstoßend fand – bot uns öfter etwas von seinem Brot oder der Wurst an, die er von dort mitbrachte, doch im Gegenzug wollte er Sex. Ich schickte ihn zur Hölle, doch Helena war immer hungrig – also wurde sie seine Freundin. Manchmal gab sie mir etwas von ihrem Essen ab.

---

[12] Name schwer verständlich

Schließlich wurde Helena schwanger, vermutlich von ihm – ich musste Płaszów vor ihr verlassen, daher weiß ich es nicht so genau. Als wir uns später in Bergen-Belsen wiedersahen, hatte sie ein winziges Baby bei sich. Kannst Du Dir das vorstellen? Helena lebt heute in New York, sie hat überlebt.

In Płaszów traf ich auch auf Leopold Pfefferberg, der später die Grundlage für die Geschichte von Oskar Schindler bieten sollte. Pfefferberg lernte später in Amerika den australischen Schriftsteller Thomas Keneally kennen, der auf Basis von Pfefferbergs Erzählungen das Buch ›Schindlers Arche‹ schrieb, aus dem schließlich der Film ›Schindlers Liste‹ entstand.«

Mein Cousin Paul fragt Peggy, ob sie etwas zu »Schindlers Liste« sagen möchte. Peggy hat eine sehr harte Meinung über Schindler, das wissen wir bereits.

»Schindler war ein Mörder. Er hatte einen schwachen Charakter – die Fabrik übernahm er nur, um seine eigene Haut zu retten und nicht an die Front zu müssen. Als der Film in die Kinos kam, besuchte ich einen Vortrag an der Universität von Kapstadt, gehalten von einem Experten aus Yad Vashem in Israel. Ein intelligenter junger Mann in seinen 40ern, ich habe mich anschließend mit ihm unterhalten – er war der Sohn eines polnischen Überlebenden und eine absolute Autorität zum Thema Schindler. Der Vortrag behandelte Aspekte, die im Film nicht thematisiert wurden, unter anderem erfuhr man dort Details über den ursprünglichen Besitzer der Emailwarenfabrik: Er soll Schindler um einen Arbeitsplatz für sich und seine Kinder angefleht haben, damit sie nicht getötet würden. Es hieß, Schindler habe ihn daraufhin totgeschlagen. Die Kinder überlebten, und als Schindler nach dem Krieg in Israel geehrt werden sollte, erhoben sie Einspruch. Davon hatte ich damals nichts gewusst.

Schindler und Göth waren Freunde, sie tranken zusammen. Von Göths Dienstmädchen habe ich oft gehört, dass Schindler den Partys von Göth und den dort stattfindenden Erschießungen beiwohnte. Schindler war ein Frauenheld, ein Trinker, ein Niemand. Ja, er rettete einige Juden, auch wenn die Anzahl fraglich ist. Doch sollte man einen Mörder zum Märtyrer machen?

Von dem Film war ich nicht beeindruckt, meiner Meinung nach war vieles lückenhaft, überzeichnet, oder nicht akkurat genug. Ich fand den Film ›Der Pianist‹[13] sehr viel eindrucksvoller. Es gab noch einen Film, von einem sehr bekannten polnischen Filmemacher namens Wajda,[14] der Titel fällt mir leider nicht ein. Der Film war brillant, eine exakte Wiedergabe der Geschehnisse. Die Polen wussten, wovon sie sprachen.«

In Płaszów begegnete Peggy auch Adolf Eichmann, als er eines Tages das Lager sowie auch die Fabrik von Madritsch besichtigte: »Anlässlich seines Besuchs wurde das gesamte Lager abgeriegelt, es gab eine strikte Ausgangssperre. Zwei Mal sah ich Eichmann dort. Er versuchte, clever zu sein und mit den Häftlingen Jiddisch zu sprechen. Er war ein großer, dunkler Mann mit einem strengen Auftreten und einer respekteinflößenden Uniform, mitsamt einem langen Ledermantel. Später, bei seiner Verurteilung, habe ich ihn kaum wiedererkannt, er sah so alt aus.«

Peggy kann nicht sagen, wie lange sie insgesamt in Płaszów war, die Tage verschwimmen in ihrer Erinnerung ineinander, genaue Daten kann sie nicht nennen. »Es war eine ganze Weile«, sagt sie. Als Peggy schließlich von dort abtransportiert werden sollte, hatte sie Angst. »Man hatte immer solche Furcht vor dem Unbekannten, verstehst Du? – vor dem, was einen als Nächstes erwarten würde … So war man irgendwie zufrieden mit dem, was man hatte.«

---

[13] 2002 in der Regie von Roman Polański entstandener und vielfach preisgekrönter Film nach der im Jahr 1946 publizierten Autobiografie *Der Pianist – mein wunderbares Überleben* (Originaltitel: Śmierć miasta) des polnischen Pianisten und Komponisten Władysław Szpilman.
[14] Möglicherweise bezieht sich Peggy hier auf Andrzej Wajdas Film »Eine Generation« von 1955.

Das Lager Płaszów wurde am Ortsrand des Stadtviertels Podgórze auf dem Gelände eines stillgelegten Steinbruchs und zweier jüdischer Friedhöfe errichtet. Schätzungsweise 8.000 Menschen kamen hier ums Leben. Płaszów war eines der ersten Arbeitslager, die im besetzten Polen eingerichtet wurden. Eine Verordnung des Generalgouvernements vom 26. Oktober 1939 verpflichtete die jüdische Bevölkerung zur Zwangsarbeit (Hilberg 1999: 265).

Ein Überlebender berichtete später im Prozess gegen Adolf Eichmann (1906-1962) über das Lager Płaszów (Less 1995: 186): »Arbeitslager, das ist ein anderer Begriff. Für uns war das ein Vernichtungslager. Es gab Arbeit ... innerhalb des Lagers, welche lediglich von Frauen ausgeführt wurde, der Transport von Steinen aus dem unten gelegenen Steinbruch zu dem höher gelegenen neuen Teil zwecks Straßenbaus. Die Steine wurden auf 8-10 Kleinwaggons verladen, die auf einem Schmalspurgleis liefen. Am Ende des Zuges gab es lange Seile, und in diesen Seilen waren jüdische und auch polnische Frauen eingespannt. Sie mussten den recht steilen Aufstieg von dem unten gelegenen Steinbruch – eine Entfernung von etwa zweieinhalb Kilometern – am Bergabhang hinaufgehen. Diese Arbeit musste bei allen Witterungsverhältnissen geleistet werden. Zwölf Stunden lang. Das Fürchterlichste dabei war, dass die Frauen so wie wir alle Holzpantoffeln trugen, sodass sie im Schnee und im Kot ausrutschten. Das Bild, das sich damals darbot, bin ich einfach heute nicht mehr in der Lage zu schildern. Ich weiß nicht, ob jemand anderer noch fähig ist, es in Worte zu kleiden. Ganze Nächte hindurch gingen Frauen. Sie fielen, sie rutschten aus, sie schleppten ...«

Das Lager Płaszów wurde bis Herbst 1943 als Arbeitslager geführt, dann wurde es in ein Konzentrationslager umgewandelt. Offiziell wurde Płaszów ab Januar 1944 als KZ betrieben. »Die Häftlinge wurden neu registriert und erhielten andere Kleidung. Neue SS-Aufseher trafen ein.« (Teege/Sellmair 2016: 66)

Nach der Umwandlung zum KZ ging die Aufsicht über das Lager vom örtlichen SS- und Polizeiführer auf das Wirtschafts- und Verwaltungshauptamt (WVHA) der SS über. Im März 1944 waren im KZ Płaszów 11.600 jüdische Männer, Frauen und Kinder und zusätzlich 1.393 Polen in einem abgesonderten Bereich. Der Terror der Lager-SS wurde zielgerichteter. Das willkürliche Morden und Erschießen von Juden hörte zwar auf, wie sich ein Überlebender erinnerte, aber nur um durch die systematische »Ausrottung des Restes der jüdischen Lagerbewohner durch Selektionen und Transporte nach Auschwitz ersetzt zu werden« (Wachsmann 2016: 386).

Es ist schwer zu sagen, wann Peggy nach Płaszów kam. Das Krakauer Ghetto wurde am 13./14. März 1943 geräumt. Danach wurde Peggy gefasst und inhaftiert, sie blieb etwa sechs Wochen lang im Gefängnis. Das hieße, dass sie frühestens Anfang Mai 1943 nach Płaszów kam. Zuständig für die Räumung des Krakauer Ghettos war Amon Göth. Er war der Lagerkommandant von Płaszów. 1942 erhielt Göth im polnischen Lublin den Auftrag, Arbeitslager für jüdische Zwangsarbeiter aufzubauen. »Amon Göth wurde innerhalb der SS zum Hauptsturmführer ernannt, ein ungewöhnlich schneller Aufstieg. Er bereicherte sich an den Habseligkeiten der Häftlinge und führte ein Leben im Luxus... In seiner Villa gab es Partys: Alkohol, Musik und Frauen sollten die SS-Leute bei Laune halten.« (Teege/Sellmair 2016: 51) Göth war groß, 1,93 Meter. Er hetzte seine beiden Hunde, eine Dogge und einen Schäferhund, auf Lagerinsassen. In Spielbergs Film ist eine Szene dokumentiert, wie Amon Göth auf seinem Balkon steht, mit entblößtem Oberkörper, und mit dem Gewehr vollkommen willkürlich Juden im Lager erschießt. Währenddessen – so der Film – stülpt sich seine Freundin, die noch im Bett liegt, das Kopfkissen über den Kopf, um die Schüsse nicht hören zu müssen. Als Göth die Kinder des Lagers auf Lastwagen treiben ließ, zum Transport aus Płaszów in die Gaskammern von Auschwitz, ließ er Musik spielen, um die verzweifelten Rufe der Eltern zu übertönen. Die Szene wird sowohl von Peggy beschrieben als auch im Film gezeigt.

Göths Schreiber Mietek Pemper berichtete in seinen Memoiren von formalen Genehmigungen, die Göth mit der zunehmenden Bürokratisierung aus Berlin einholen sollte, um Häftlinge zu quälen: »Im Vordruck wurde die beantragte Zahl der Peitschenhiebe auf das entblößte Gesäß genannt.« (Ebenda: 66) Eine Strafmaßnahme, der auch Peggy zum Opfer fiel.

Bei Kriegsende wich Amon Göth nach Bad Tölz aus, um unterzutauchen. In Bad Tölz bekam seine Lebensgefährtin, Ruth Irene Kalder, im November 1945 eine Tochter. Zu diesem Zeitpunkt war Amon Göth jedoch bereits von den Amerikanern inhaftiert worden. Er wurde an Polen ausgeliefert.

Amon Göth wurde am 30. Juli 1946 zusammen mit sieben anderen Deutschen nach Krakau gebracht. Mit dabei war Rudolf Höß, der Kommandant von Auschwitz. Dieser schrieb in seinen Aufzeichnungen, die er vor seiner Hinrichtung anfertigte, dass man sie am Krakauer Bahnhof fast gesteinigt hätte (Höß 1987: 151). Göth habe man gleich erkannt, eine Menschenmenge hätte sich angesammelt, und man hätte sie dort fast »schwer mit Steinen bombardiert«.

Als Amon Göth im September 1946 in Krakau der Prozess gemacht wurde, erwähnte der Staatsanwalt in seinem Plädoyer den 16-Jährigen, der gehängt wurde, den jüdischen Polizisten Chilowicz und die Deportation der 300 Kinder nach Auschwitz. Denn das Gericht hatte Zeugen angehört, die Göth dementsprechend belasteten. »Haubenstock begeht ein schweres Verbrechen«, sagte der Staatsanwalt, »er singt ein russisches Lied«. Göth gab den Befehl, ihn in Anwesenheit des gesamten Lagers aufzuhängen. »Haubenstock reißt sich vom Strick los und fleht um sein Leben. Der Angeklagte stößt ihn mit einem Tritt zurück. Dann hängen sie ihn zum zweiten Mal. Doch nicht fachgerecht.« Der junge Haubenstock kann nicht sterben. »Der Angeklagte gibt [ihm] mit einem Schuss aus dem Revolver den Rest.« (Kessler 2002: 242)

Peggy versteckte sich, um die Exekution ihres Freunds nicht mitansehen zu müssen, doch sie berichtet von einer ähnlichen Szene, die sich bei der Hinrichtung eines Ingenieurs abspielte. Aus mehreren Quellen geht hervor, dass es in Płaszów wiederholt zu solch

die unter vergleichsweise günstigen Bedingungen lebten, und nicht von den anderen Płaszów-Inhaftierten wie sie selbst, die kaum eine Chance hatten zu überleben. So gibt Peggys Tochter Shirley die Ansichten ihrer Mutter wieder.

Ab Mitte 1944 wurde das Konzentrationslager Płaszów aufgelöst. Die Wehrmacht war auf dem Rückzug, und die Rote Armee eroberte Polen. Oskar Schindler schloss seine Emailwarenfabrik und eröffnete stattdessen einen Rüstungsbetrieb in Brünnlitz in der Tschechoslowakei. Dorthin wollte er seine Schindler-Juden mitnehmen. Wie im Film geschildert, landeten die 300 Frauen der Schindler-Juden zunächst jedoch in Auschwitz, doch Schindler gelang es, die Frauen aus Auschwitz herauszuholen und nach Brünnlitz zu bringen.

Peggy wurde in Płaszów in der Textilfabrik von Julius Madritsch (1906–1984) beschäftigt, die sich auf dem Lagergelände befand. Madritsch wurde in Wien geboren, er war ein »sehr menschlicher Mann« und beschäftigte in seiner Uniformfabrik fast 4.000 Häftlinge, die er mithin zunächst davor bewahrte, in den Vernichtungslagern umgebracht zu werden. Madritsch schmuggelte lastwagenweise Lebensmittel für die Häftlinge ins Lager. Er war uk[15] gestellt und leitete als Treuhänder die Uniformfabrik. Nach dem Krieg bezeugten Überlebende: »Madritsch steht mit Recht bei seinen überlebenden Häftlingen in bestem Andenken.« (Keneally 1994: 16f., 64 und 238)

Viele Informationen aus dem Lager Płaszów stammen von Leopold (Poldek) Pfefferberg (1913-2001), einem überlebenden Schindler-Juden, der diplomierter Turnlehrer und Absolvent der Universität Krakau war. Er war Kompaniechef der polnischen Armee, als er nach dem Überfall der deutschen Wehrmacht auf Polen gefangen

---

[15] uk = unabkömmlich. Die Unabkömmlichstellung war während des Zweiten Weltkrieges eine befristete oder widerrufliche Entlassung oder Nichteinziehung von Fachkräften, die zur Durchführung einer Reichsverteidigungsaufgabe der Kriegswirtschaft, des Verkehrs oder der Verwaltung unentbehrlich und unersetzbar waren (§ 5 Abs. 2 WehrG).

genommen wurde, da war er 27 Jahre alt. 1980 betrieb er in Beverly Hills in den USA ein Koffergeschäft mit importierten Lederwaren aus Italien, als der Schriftsteller Thomas Keneally (geb. 1935), ein gebürtiger Australier, in das Geschäft kam und er ihm die Geschichte der Schindler-Juden erzählte (ebenda: 7, 43 und 91).

Pfefferberg gehörte der jüdischen Ghettopolizei in Podgórze an. Die SS betrachtete diesen Ordnungsdienst (OD) als Hilfspolizei, der Befehle entgegenzunehmen und auszuführen hatte. Und so wurde der Ordnungsdienst, je länger das Ghetto bestand, desto misstrauischer von den Häftlingen betrachtet. Denn er galt als Kollaborateur. Es gab OD-Männer, die zum polnischen Untergrund Kontakt hielten und sabotierten, wo immer möglich, doch es gab andere, die mit der SS zusammenarbeiteten, um sich und ihre Familien zu retten. Pfefferberg gelang es schließlich, aus dem OD auszuscheiden (ebenda: 88-92).

Chef der jüdischen Lagerpolizei in Płaszów war Wilek Chilowicz. Peggy erzählt mehrfach von ihm. »In Płaszów herrschte Chilowicz«, schreibt Keneally in seinem Buch. Die Zeitzeugen, die Keneally befragte, bewerteten Chilowicz wohl sehr kritisch, denn Keneally erfuhr von ihnen, dass sich Chilowicz, »beschränkt wie er war«, im Lager »für unersetzlich« hielt. Er betrieb Schwarzmarktgeschäfte – auch für den Lagerkommandanten Amon Göth, »denn Chilowicz kannte sich in Krakau aus«. Doch als die Sache für Göth zu gefährlich wurde, erschoss er Chilowicz, samt dessen ganzer Familie. »Göth selber setzte Chilowicz die Pistole ins Genick.«

Göth schaffte damit einen Zeugen aus der Welt. »Chilowicz ist gefährlich, er weiß schließlich viel«, führte der Staatsanwalt im Prozess gegen Göth aus (Kessler 2002: 241). Denn Chilowicz war »die Nr. 1 im Lager«. Er half dem Angeklagten bei Missbräuchen, er half dem Angeklagten bei der Anhäufung eines Vermögens. »Chilowicz spielt im Leben des Lagers eine undeutliche Rolle... Chilowicz genießt Privilegien, ist die rechte Hand des Angeklagten.« »Chilowicz lebt in Ruhe.« Aber dann kam die sowjetische Front näher, es bestand die Gefahr eines Aufstands im Lager, und Chilowicz musste beseitigt werden.

Auch Keneally erfuhr von den Zeitzeugen die Geschichte des gehängten, 16-jährigen Haubenstock, den Peggy kannte. Er hatte russische Lieder gesungen, angeblich, um die ukrainischen kollaborierenden Posten zum Bolschewismus zu bekehren. Der Henker, ein jüdischer Schlachter aus Krakau, »der für ein anderes Verbrechen begnadigt worden war, weil er sich zu diesem Amt bereitfand«, stellte Haubenstock auf einen Hocker und legte ihm die Schlinge um den Hals. Der Schlachter trat gegen den Hocker, der Strick riss, »und der Junge kroch auf den Knien zu Göth, umklammerte dessen Beine und bat um Erbarmen. Göth stieß den Jungen mit dem Fuß weg und schoss ihm in den Kopf.« (Ebenda: 184f.)

Peggy kannte auch den jüdischen Arzt Dr. Leon Gross, den Chef des Krankenhauses. Dieser Dr. Gross half möglicherweise – so lässt sich Peggys Bericht interpretieren – dabei, einen jungen Häftling vor dem Erschießen zu bewahren. Der Arzt Dr. Gross wurde ansonsten von den Juden sehr kritisch betrachtet, denn die sagten, Leon Gross sei der »niederträchtigste Kollaborateur im Lager Płaszów« (Herzog 2000: 416).

Von dem SS-Arzt Dr. Blancke hieß es, dass er in der Krankenstube Häftlinge mit Benzolinjektionen »abspritzte«. Leon Gross galt nun – so jedenfalls die Zeugnisse von anderen Płaszów-Häftlingen – als »Schützling« von Blancke. Zusammen mit Blancke selektierte Gross auf dem Appellplatz die Häftlinge in Arbeitsfähige und Arbeitsunfähige. Er behandelte Göth und »hatte auch noch anderes auf dem Gewissen« (Keneally 1994: 190, 217, 276, 284 und 302).

Mordechai Gebirtig (1877-1942), von dem Peggy berichtet, war ein jüdisch-polnischer Dichter und Komponist. Seine Lieder, unter anderem »S'brent« (1938), wurden weltweit bekannt und gelten als wichtige Zeitzeugnisse des Holocaust. Während der deutschen Besatzung wurde er zum Widerstandskämpfer des Krakauer Ghettos. Mordechai Gebirtig wurde 1942 im Krakauer Ghetto von einem deutschen Soldaten erschossen. Niemand aus seiner Familie überlebte den Holocaust. Der Dokumentarfilmer und Journalist Uwe von Seltmann beschäftigte sich eingehend mit dem Leben und Werk von Gebirtig und schrieb eine Biografie über den Künstler.[16] Seiner Einschätzung nach lässt sich das Lied, das Peggy singt, nicht zwingend dem Liedermacher zuordnen. Es ist in keiner Aufzeichnung über Gebirtig zu finden.

---

[16] Uwe von Seltmann: »Es brennt. Mordechai Gebirtig, Vater des Jiddischen Liedes«, Homunculus Verlag, Erlangen 2018

Auschwitz

»In Płaszów herrschte ein ständiges Kommen und Gehen von Häftlingen. Immer wenn es hieß, dass eine Überfüllung des Lagers drohe, wurden einige Insassen fortgebracht, zumeist in verschiedene Konzentrationslager.« Auch Peggy sollte deportiert werden. Doch der ursprüngliche Transport, der für sie vorgesehen war, verließ Płaszów ohne meine Großmutter: »Wilek Rosner, mein Freund aus dem Orchester, sah mich von der Plattform aus, als ich bereits im Zug war. Er wollte mich retten und holte mich aus dem Waggon. Doch mit diesem Transport wäre ich nach Skarzysko, in ein anderes, kleineres Lager geraten, erfuhr ich später. Dort hätte ich vielleicht ein leichteres Schicksal erfahren.« Stattdessen landete sie schließlich in einem Zug nach Auschwitz. »Es war wie ein Viehtransport, dicht an dicht wurden wir in den Zug hineingepfercht, ohne Luft, ohne Fenster. Irgendwo in einer Ecke gab es einen Eimer, das war alles. Mein erster Anblick bei der Ankunft in Auschwitz waren die großen, eisernen Tore.«

Auschwitz, Polen, Zuggleise, die zum Lager führen
(Yad Vashem Fotoarchiv, Jerusalem)

61

Auschwitz, Polen, nach dem Krieg, der Eingang zum Lager
(Yad Vashem Fotoarchiv, Jerusalem)

Peggy und die anderen neuen Häftlinge um sie herum durchliefen den gleichen, systematischen Einlieferungsprozess: »Zunächst nahm man uns die gesamte Kleidung und konfiszierte jegliche Habseligkeiten. Danach rasierte man unsere Köpfe, bis auf wenige Millimeter – so kurz, dass man die Kopfhaut sehen konnte. Wie Schafe wurden wir geschoren, es sah widerlich aus. Nackt und kahl wurden wir anschließend zum Waschen in eine Duschzelle gebracht und schließlich in einer Art Transitbereich zwischengelagert. Von dort aus brachte man uns in die verschiedenen Abschnitte des Lagers.

Im Stammlager Auschwitz I waren größtenteils Polen, Arbeitssklaven und politische Gefangene inhaftiert. Das ganze Gelände war umgeben von elektrischem Stacheldraht, und über dem Eingang prangte der Schriftzug ›Arbeit macht frei‹.

Auschwitz, Polen, nach dem Krieg, Eingang zum Lager 1
(Yad Vashem Fotoarchiv, Jerusalem)

Ich kam nach Auschwitz-Birkenau. Das ist der größere Teil von Auschwitz, in dem sich die meisten Baracken, Gaskammern und Krematorien befanden, auch die Experimente von Josef Mengele fanden dort statt. Später gelangte ich durch die Arbeit manchmal in diesen Block, dann habe ich mich heimlich in seine Räumlichkeiten hineingeschlichen und beobachtet, was dort vor sich ging. Ich sah dort Liliputaner, zwei Schwestern aus Ungarn, an denen experimentiert wurde. Es gab auch Zwillinge. Mengele machte alle möglichen Versuche mit ihnen.

Das Konzentrationslager war in Block-Abschnitte verschiedener Kategorien aufgeteilt: Es gab einen Block für die Männer und einen Block für die Frauen, dann waren da noch das Zigeunerlager, der Trakt von Mengele, und so weiter. Die Blöcke waren alle nebeneinander aufgereiht, und direkt dahinter befanden

*Auschwitz, Polen, das Innere einer Baracke, nach dem Krieg
(Yad Vashem Fotoarchiv, Jerusalem)*

sich die Krematorien. Es gab auch ein sogenanntes Transitlager – es dauerte etwas, bis ich die Bedeutung dahinter verstand: Dort sammelte man Häftlinge für die Gaskammern, bis man eine volle Ladung für die Vergasung zusammen hatte.

Für die diversen Koffer, Habseligkeiten und Wertgegenstände, die den Neuankömmlingen abgenommen wurden, gab es einen eigenen Sortierungsbereich, genannt Kanada. Ich habe keine Ahnung, woher diese Bezeichnung rührte – vielleicht, weil Kanada so ein reiches Land war. Dort zu arbeiten war vermutlich der beste Job, den man im Lager haben konnte.

Ich sollte später zur Arbeit in der Kleiderwerkstatt eingesetzt werden, wo die Kleidung der Häftlinge hergestellt, sortiert oder repariert wurde. So kam mir auch in Auschwitz meine Schneiderfähigkeit zugute. Tatsächliche Duschen gab es in unserem Teil des Lagers nicht. Einmal pro Monat wurden wir zum Waschen in ein anderes Lager gebracht. Dort gab es einen großen Baderaum, gesäumt mit Duschköpfen unter der Decke.« Peggy wusste inzwischen, dass da, wo für sie Wasser herausfloss, für viele andere Gas entströmte.

»Die ganze erste Woche bekam ich noch nicht einmal die spärliche Suppe hinunter, die sie uns zu essen gaben, so stark war der Gestank von verbrannter Haut und menschlichem Fleisch, der aus den Krematorien entwich. Aus dem Fett der Verbrannten machten sie Seife. Deshalb schwamm die Seife aus Auschwitz immer wie Schaum an der Wasseroberfläche, sie ging nie unter.«

Nach ihrer Ankunft in Auschwitz-Birkenau wurden den Häftlingen zufällig zusammengewürfelte alte Kleider zugeteilt. Peggy beschreibt diese so: »Meine Kleidung bestand aus einem plissierten – oder besser: ehemals plissierten Kinderrock, der viel zu kurz für mich war. Dazu gab man mir ein Männer-Pyjama-Oberteil mit sehr langen Ärmeln. Keine Unterwäsche, im Grunde sonst gar nichts, nur holländische Holzclogs für die

Füße. Egal ob Winter, Regen, Schnee oder Frost, die Kleidung war immer die gleiche.«

»Keine Socken?« unterbricht mein Cousin Paul. »Socken?!« entgegnet Peggy »Nein. So ein Luxus?! Jeden Morgen mussten wir uns vor unseren Baracken aufstellen, um von den SS-Aufseherinnen gezählt zu werden. Manchmal konnte es zwei Stunden dauern, bis die SS-Aufseherinnen zur Überprüfung der Lagerinsassen kamen, so lange mussten wir in dieser Aufstellung verharren. Manchmal regnete es, doch Kleidung zum Wechseln gab es nicht.

Eine der Aufseherinnen war Irma Grese, die berüchtigte, schöne Blonde – später, bei dem Lüneburger Prozess, habe ich ihrer Verurteilung beigewohnt. Es gab Gerüchte im Lager, Grese sei lesbisch und hätte mit ein paar polnischen Mädchen angebandelt, doch später hatte sie einen Freund. Einen kleinen Hund hatte sie auch, der verlief sich eines Tages in meine Baracke – Du kannst Dir meine Verwunderung vorstellen, als ich diesen süßen Welpen entdeckte, ein ganz schön ungewöhnlicher Anblick für Auschwitz. Sekunden später stürmte Irma Grese durch die Tür, sie war vollkommen aufgebracht, weil der Hund nicht auf sie gehört hatte – ich musste als Sündenbock herhalten und wurde von ihr grün und blau geschlagen. Jeder hatte Angst vor Irma Grese – genau so schön wie sie war, so bösartig war sie auch.

Von meinem Block aus konnte ich später oft beobachten, wie immer wieder neue Häftlinge am Bahnhof ankamen, untermalt von den Klängen des Lagerorchesters. Ich sah wie die Menschen enteignet und über die Rampen ins Lager geführt wurden. Man gab ihnen Handtücher und ein Stück Seife in die Hand, dann ging es direkt in die Gaskammern.

Die Neuankömmlinge wussten natürlich nicht, was sie in den Gaskammern erwartete. Eine erleichternde Ahnungslosigkeit. Doch die Selektion fand nicht nur einmal, bei der Ankunft im Lager, statt, auch im späteren Verlauf wurden wir regelmäßig

Birkenau, Polen, 1942, Häftlinge in den Duschen
(Yad Vashem Fotoarchiv, Jerusalem)

wieder vorgeführt, inspiziert und aufs Neue ausgesiebt. Und wenn Du einmal in Auschwitz warst, dann wusstest Du, was das bedeutete.

Insgesamt zwei oder drei Mal musste ich den Selektionsprozess von Josef Mengele über mich ergehen lassen, der über Leben und Tod entschied. Der Prozess lief immer nach dem gleichen Schema ab: Wir mussten uns splitternackt ausziehen, die Zunge herausstrecken und mit hochgesteckten Armen vor Mengele auf und ab paradieren. Du musstest nur einen kleinen Kratzer haben, das war schon schlecht. Wenn Einer irgendwo noch etwas Fett am Leib hatte, befand Mengele, der verbrauche zu viel Nahrung. Schlussendlich liefen wir an ihm vorbei und Mengele rief ›Rechts! Links! Rechts! Links ...‹ Das bedeutete entweder Weiterleben oder in die Gaskammer. Ich hatte Glück, dass ich noch einigermaßen tauglich aussah und er mich immer wieder selektierte. Es war pures Glück, sonst nichts.«

Manche der Häftlinge hatten noch einzelne Familienmitglieder oder Verwandte im Lager. Es gab nur einen einzigen Tag in Auschwitz, an dem Peggy dankbar war, dort vollkommen allein zu sein: »An diesem Tag hatte wieder eine Selektion stattgefunden, woraufhin die zum Tode Verurteilten wie üblich zum Transport in die Gaskammern auf LKWs geladen wurden. Ich sehe noch vor mir, wie die Ausselektierten versuchten, von den Lastern zu springen, wie Mütter und Töchter sich verzweifelt aneinanderklammerten, nur um brutal auseinandergerissen zu werden. Es war unfassbar qualvoll mit anzusehen, die Schreie waren so furchtbar. Ich dankte Gott, dass ich niemanden hatte, mit dem ich ein solches Leid hätte selbst durchleben müssen. Ich wohnte in Baracke Nummer 20, im Block B. Es ist eine der wenigen Baracken in Auschwitz, die bis heute noch existiert.«

Peggy kehrte nach dem Krieg selbst nie nach Auschwitz zurück, doch eines Tages sah sie mit einer Freundin den Film »Return to Auschwitz« über Kitty Hart-Moxon,[17] eine andere Überlebende, die für diese Dokumentation zusammen mit ihrem Sohn das ehemalige Lager besucht hatte.

»Heute ist nur noch ein kleiner Teil der Gebäude übrig. Kitty zeigt im Film mit den Händen, wo sich alles befunden hatte, die Gaskammern, Kanada und so weiter. Ausgerechnet meine Baracke ist noch erhalten und im Film zu sehen. Der Film zeigt auch die spärlichen Wasserstellen, an denen wir uns damals wuschen. Es waren einfache, eiserne Rohre und Becken, wie an einer Pferdetränke. Im Winter musstest Du erst das Eis von den gefrorenen Rohren abschlagen, bevor Du Dich mit dem eiskalten Wasser waschen konntest.

---

[17] »Kitty: Return to Auschwitz«, GB 1979

Auschwitz, Polen, nach dem Krieg, Stacheldraht-Zäune innerhalb des Lagers (Yad Vashem Fotoarchiv, Jerusalem)

In den Baracken teilten wir uns etwa zu acht eine Doppelpritsche – eine Art Bank war das –, wie die Sardinen schliefen wir dort. Nachts fungierten unsere Clogs als Kopfkissen. Wenn eine von uns sich umdrehen wollte, musste sie alle ihre Banknachbarinnen aufwecken. Dann drehten wir uns gemeinsam auf die andere Seite.

Spiegel gab es in den Baracken nicht, doch die Blockälteste hatte ein kleines Fenster an ihrer Pritsche. Immer wenn ich von außen daran vorbeiging, drehte ich mich weg, um mein Spiegelbild nicht sehen zu müssen. Der Anblick meines kahlgeschorenen Kopfes machte mir Angst.

Bei Bedarf wurden ausgewählte Baracken manchmal in ein anderes Lager zur Entlausung geschickt. Zuerst musste man dort seine bisherige Kleidung ablegen und auf einen großen Haufen

69

werfen. Dann wartete man nackt auf die Dusche, und nachdem man wieder heraustrat, bekam man per Zufallsprinzip neue Kleidung zugeteilt. Wie beim Wichteln!« lacht Peggy. »Was immer Dir zugeworfen wurde, hast Du angezogen.« Dann wird sie wieder ernst: »Wir hatten Glück, dass in den Duschen Wasser runterkam. Die anderen hatten Gas, aber es war das gleiche System. Eines Tages stand ich für die Entlausung in der Schlange, als ich in der Ferne ein bekanntes Gesicht entdeckte. Es war eine Frau mit langen dunklen Haaren, sie musste eine der älteren Gefangenen gewesen sein, die schon seit den frühen Tagen von Auschwitz im Lager waren. Ich erkannte die Frau aus meiner Heimat, ihr Name war Luschka.[18] Ihre Familie stammte aus eher ärmlichen Verhältnissen, weshalb meine Mutter ihnen oft mit Lebensmitteln ausgeholfen hatte. Ich rief laut: ›Luschka! Luschka!‹, die Frau sah zu mir rüber, zeigte jedoch keine weitere Reaktion. Ich war recht weit entfernt, doch ich rief weiter, bis Luschka schließlich auf mich zukam. Sie erkannte mich jedoch nicht – vielleicht wegen des geschorenen Kopfes. ›Ich bin Peska Weinstock‹, erklärte ich. Luschkas Augen weiteten sich, sie schrie vor Freude und Überraschung laut auf. Die deutschen Aufseher fragten sofort, was da los sei, woraufhin Luschka die Situation erklärte. Dann lief sie eilig davon, um etwas zu holen. Als Luschka zurückkehrte, hielt sie mir einen Apfel entgegen.«

»Weißt Du, was das bedeutet, ein Apfel in Auschwitz?« fragt Peggy meinen Cousin Paul mit einem strahlenden Lachen.

»Luschka arbeitete derzeit in Kanada, sie war schon sehr lange in Auschwitz. Die Nummer auf ihrem Arm war kurz, nur etwas mit 6.000 – meine Nummer hingegen begann mit A 22.000, allein das A Stand schon für Hunderttausende. Nachdem mir eines Tages meine Nummer auf den Arm tätowiert worden war, küsste Luschka mich überschwänglich und gratulierte mir: ›Ma-

---

[18] Name schwer verständlich

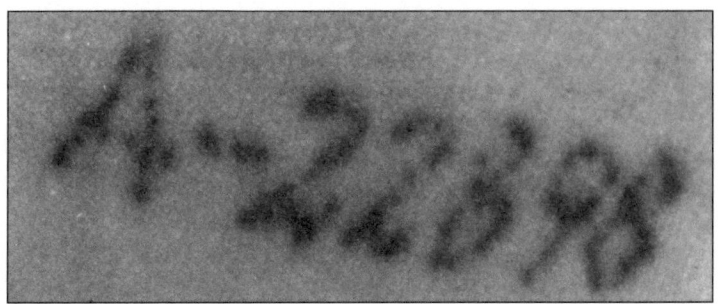

Auschwitz, Polen, Peggys Häftlingsnummer tätowiert auf ihren Unterarm (Privatarchiv Shirley Taeter)

zeltov!‹ Die Nummer machte mich zu einem registrierten Bewohner von Auschwitz. Als Transit-Häftling in dem Vernichtungslager hätte man mich jederzeit in die Gaskammern schicken können, doch die Nummer erhöhte meine Chance zu überleben.

Die älteren Häftlinge mussten durch die Hölle gegangen sein, aber irgendwann erhielten sie besondere Privilegien, wurden zum Beispiel Blockälteste. Damit waren sie für die restlichen Häftlinge in ihrer Baracke verantwortlich. Diese Frauen waren den Umständen entsprechend sehr hart im Nehmen. Luschka sprach mit meiner Blockältesten, die beiden kannten sich aus der langen Zeit im Lager. Die Blockälteste war eine graue, hässliche Frau, sie hatte strohige Haare und aufgequollene Beine, man konnte ihr das schreckliche Leid und die daraus resultierende, innerliche Verhärtung ansehen. Luschka bat die alte Frau, gut auf mich aufzupassen, mir vielleicht mal ein extra Stück Brot zu geben. Doch die Älteste war hart, sie verprügelte und demütigte die anderen Frauen oft. Obschon sie mich daraufhin wahrnahm und nicht gemein behandelte, war sie mir gegenüber auch nicht besonders hilfreich. Aber ich fragte auch nie. Ich war viel zu stolz, um selbst um Hilfe zu bitten.

Ich hatte großes Glück, dass ich nie so viel Hunger hatte. Ganz hingegen erinnere ich mich an ein Mädchen, das mit mir zusammen aus Płaszów nach Auschwitz transportiert worden war – ein wunderschönes Mädchen, sie war immer so furchtbar hungrig. Ich nahm das Mädchen oft an die Hand und gab ihr die Hälfte meiner Suppe ab. Ich überlebte auch mit einer halben Portion. Das Essen war scheußlich! Aber in Bergen-Belsen war es schlimmer.«

Peggy weiß nicht, was mit dem Mädchen geschah, eines Tages war sie verschwunden. Peggy hat eine Vermutung, sie könnte auf der Liste von Schindler gewesen sein und zu den Frauen gehört haben, die er aus Auschwitz rettete. »Später übernahm Luschka eine der Baracken in meinem Lager, und ich konnte zu ihr umziehen. Dadurch wurde es etwas leichter für mich.«

Im benachbarten Lager wohnten die Zigeuner. Peggy erzählt Paul von einem Zeitungsartikel, den sie erst kürzlich in Südafrika gelesen hatte: »Darin wurde geleugnet, wie viele Zigeuner in Auschwitz vergast worden sind. Ich habe daraufhin sofort bei der Zeitung angerufen und wütend erklärt, ich könne ihnen besseren Stoff für ihre Artikel liefern.«

Das war typisch für Peggy – unsere Großmutter tat so etwas oft, ständig hing sie mit irgendwelchen Radiostationen oder Zeitungsredaktionen am Telefon. Wann immer sie die Gelegenheit sah, etwas über den Holocaust richtigzustellen oder mitzuteilen, nutze sie diese Chance mit Entschlossenheit.

»Ich erzählte der Redaktion, dass ich direkt neben den Zigeunern in Auschwitz gewohnt habe. Die Zigeuner waren sehr laut, sie hatten ihre eigene Sprache. Eines Nachts hatten die Deutschen beschlossen, das Zigeunerlager vollständig zu räumen und alle zu vergasen. Diese Schreie, als man sie holen kam…« Peggy stockt. »Die Schreie der Zigeuner höre ich noch heute in meinem Kopf. Die Zigeuner wurden komplett vergast, alle von ihnen. Die Europäer mochten Zigeuner damals nicht. Auch in Polen gab es welche, sie wohnten in Wohnwagen und aßen seltsames Fleisch. In Kapstadt gibt es heute auch noch ein paar von ihnen…«

Die Zeitung jedenfalls brachte daraufhin einen neuen Artikel, in Anlehnung an Peggys Bericht.

»Die verschiedenen Bereiche von Auschwitz waren jeweils durch elektrischen Stacheldraht voneinander getrennt. Entlang des Drahtes führte die Lagerstraße von Block zu Block. Eines Tages erblickte ich durch den Stacheldraht, auf der anderen Seite, im Männerlager, den kleinen Romek Klausner[19] – es war der kleine Junge, der sich in Płaszów in der Latrine versteckt hatte! Romek war vielleicht sechs oder sieben Jahre alt, daher war ich sehr besorgt um ihn – Kinder hatten schlechte Chancen, in Auschwitz zu überleben.

Ich ging zu Luschka und bat sie um Hilfe: ›Wir müssen versuchen, dieses Kind zu retten.‹ Luschka kannte den zuständigen Blockältesten, einen Tschechen, und nahm durch den Stacheldraht mit ihm Kontakt auf. Ich weiß nicht genau, was Luschka ihm als Gegenleistung versprach – damals arbeitete sie noch in Kanada, das war natürlich hilfreich. Der Blockälteste jedenfalls ging auf ihr Gesuch ein und passte von nun an auf den Jungen auf. Er machte ihn zu seinem persönlichen ›Putzboy‹, gab ihm immer irgendwelche Aufgaben. Ich sah Romek in Auschwitz nie wieder, doch ich war froh, ihn in guten Händen zu wissen.

Später, nach Ende des Kriegs, waren überall Listen mit den Namen der Überlebenden im Umlauf. Die größte Hoffnung für uns alle bestand darin, irgendwo noch lebendige Angehörige wiederzufinden. Als ich nach der Befreiung aus Bergen-Belsen im Krankenhaus wohnte, stand eines Tages eine Freundin von mir mit einer Überraschung vor der Tür. Romek Klausner und seine Mutter hatten mich auf einer der Listen entdeckt und waren extra gekommen, um sich zu bedanken.«

---

[19] Name schwer verständlich

Peggy strahlt über das ganze Gesicht, als sie von diesem Wiedersehen erzählt. »Danach verlor ich Romek aus den Augen. Ich wünschte, ich wüsste, was aus ihm geworden ist.« Jahre später, in Kapstadt, fand Peggy einige Auschwitz-Überlebende wieder. »Ich erinnere mich noch gut an eine Familienfeier von Freunden, bei der ich überraschend eine Frau namens Sala wiedertraf – ich brach spontan in Tränen aus. Sie war im Lager als ›Sala die Sängerin‹ bekannt gewesen. Ich weiß noch, wie sie einmal mitten in der Nacht angefangen hatte zu singen ›Mamma son tanto felice‹,[20] sie sang das Wort ›Mamma‹ mit ihrer wunderschönen Stimme und so viel Gefühl, dass alle mit ihr weinten. Wann immer ich das Lied höre, muss ich an sie denken, ich werde es nie vergessen« schwärmt Peggy. Sie wusste bis zu diesem Tag in Kapstadt nicht, dass Sala überlebt hatte. Die beiden Frauen trafen sich daraufhin ab und zu zum Kartenspielen.

---

[20] Italienisches Lied von Cesare Andrea Bixio, Text Bixio Cherubini. Zu Deutsch: »Mama ich bin so glücklich«.

Todesmarsch

Als die Russen immer näher vordrangen, wurde Auschwitz schließlich geräumt. »Zusammen mit vielen anderen Häftlingen wurde ich auf einen Marsch geschickt: Drei Tage und drei Nächte lang marschierten wir, unter ständiger Bewachung durch die SS und ihre Maschinengewehre. Nachts schliefen wir in Scheunen, bei Bauern auf der Strecke. Es war sehr hart. Wenn einer der Häftlinge nicht mehr konnte, wurde er erschossen und zurückgelassen.«

»Wie viele Menschen wart ihr?« fragt Paul. »Viele!« ruft Peggy, »Tausende!«. Genauer kann sie es nicht sagen.

»Ich trug hohe Stiefel – wie ich es geschafft hatte, die zu organisieren, weiß ich nicht mehr. Am Ende mussten sie die Stiefel aufschneiden, um sie von meinen Füßen zu entfernen, anders bekam ich sie nicht mehr runter. Nach drei Tagen wurden wir auf LKWs geladen, auf offene Kohlewagen, mit denen wir die restliche Strecke transportiert wurden. Auschwitz lag in Polen, Bergen-Belsen in Deutschland, in der Nähe von Hannover. Diese alten, rostigen Wagen stehen heute noch in Bergen-Belsen, zur Erinnerung.« Zum fünfzigjährigen Gedenktag der Befreiung war Peggy zuletzt dort.

»Auf den Kohlewagen wurden wir von jungen deutschen Soldaten mit Wachhunden beaufsichtigt. Als unser Wagen an einem Bahnhof unterwegs Halt machte, stieg der Wachmann ab, um ein Bier trinken zu gehen. Er gab mir die Leine in die Hand und befahl, ich solle so lange auf den Hund aufpassen. Doch der Hund wollte natürlich seinem Herrn hinterher, wie wild zerrte er an der Leine. Ich versuchte panisch, ihn festzuhalten, da biss der Hund mir in die Hand. Ich ließ los.

Es war eine tiefe Wunde, die Narbe sieht man heute noch. Als der Aufseher zurückkam, war sein Hund verschwunden, der Mann war natürlich außer sich. Er nahm seine Pistole und war im Inbegriff, mich zu erschießen. Luschka und ein paar weitere Freundinnen von mir, mit denen ich zusammengeblieben und gemeinsam auf dem Wagen war, warfen sich an seine Füße, küssten seine Stiefel und flehten um Gnade. Er schoss nicht.«

***

Das Konzentrationslager Auschwitz war eine Mischform aus Arbeits- und Vernichtungslager. »Etwa 200.000 Juden wurden bei ihrer Ankunft ›selektiert‹, um Sklavenarbeit mit den gewöhnlichen Häftlingen zu verrichten. Alle anderen – schätzungsweise 870.000 jüdische Männer, Frauen und Kinder – wurden direkt in die Gaskammern geschickt, ohne überhaupt als Lagerinsassen registriert zu werden« (Wachsmann 2016: 12). Bei der Registrierung im Lager wurde den Insassen eine chronologische Häftlingsnummer in den linken Unterarm tätowiert. Dies galt jedoch nur für die zur Arbeit selektierten Häftlinge, die dauerhaft im Lager aufgenommen wurden. Ausnahmen galten für einige spezielle Gruppen von deutschen Häftlingen, Polizeigefangenen oder politischen Insassen zum Beispiel. Die zur unmittelbaren Vergasung bestimmten Gefangenen wurden weder registriert noch tätowiert. Es gab unterschiedliche Nummernserien für Männer und Frauen, teilweise auch für verschiedene Kategorien von Häftlingen. Nachdem die chronologischen Nummern Anfang 1944 im sechsstelligen Bereich angekommen waren, beschloss man, neue Serien mit den Buchstaben A und B einzuführen. So kam Peggy zu ihrer Nummer A22.898. Insgesamt wurden über 400.000 Häftlingsnummern vergeben (United States Holocaust Memorial Museum).

Peggy berichtet, eine der einzigen Baracken, die heute noch auf dem Gelände vorhanden seien, sei ihre Baracke, B 20. Dies wurde im von ihr zitierten Film »Kitty: Return to Auschwitz« dokumentiert. Ich konnte mich selbst bei einer Studienreise nach Auschwitz von der Existenz dieser Baracke überzeugen. Im Wissen um diese Nummer war es mir möglich, den exakten Leidensort meiner Großmutter aufzusuchen und ihrer Qualen dort zu gedenken.

Das Lager Auschwitz-Birkenau (Auschwitz II) wurde 3 km vom Stammlager (Auschwitz I) entfernt gebaut. Grundlage dieses Stammlagers war eine ehemalige polnische Artilleriekaserne mit Steinhäusern. Um das Lager Birkenau zu gründen, mussten sieben polnische Dörfer, unter anderem der Ort Brzezinka (Birkenau), geräumt und enteignet werden. Fertiggestellt wurden bis Kriegsende der Abschnitt B I (das Frauenlager), ferner der Abschnitt B II (das Männerlager) und ein kleinerer Teil von B III. Zur Zeit der Höchstbelegung (1943) waren in Birkenau rund 140.000 Häftlinge untergebracht, im Stammlager durchschnittlich 18.000. Von dem 7 km vom Stammlager entfernten Lager Auschwitz-Monowitz (Auschwitz III), das von der IG Farben errichtet wurde, sind heute keine Reste mehr vorhanden (Höß 1987: 90, 95 und 99). Offiziell wurde Auschwitz am 14. Juni 1940 in Betrieb genommen, als der erste Massentransport polnischer Häftlinge eintraf (ebenda: 240).

Das »Zigeunerlager« in Auschwitz-Birkenau wurde im Februar 1943 errichtet. Seit dem 30. Mai 1943 war Josef Mengele (1911-1979) als Lagerarzt zuständig für das »Zigeunerlager«. Am 2. August 1944 wurde ein Teil der »Zigeuner« in andere Konzentrationslager überstellt. Nach dem Abendappell desselben Tages wurde im KZ Auschwitz-Birkenau eine Lagersperre und im »Zigeunerlager« eine Blocksperre angeordnet. Mit Lastwagen wurden 2.897 Frauen, Männer und Kinder in die Gaskammern gefahren und vergast. Ein überlebender Häftling von Auschwitz berichtete über diese Schreckensnacht das Gleiche wie Peggy: »Bis spät in die Nacht hörte ich ihre Schreie und wusste, dass sie sich wehren. Die Zigeuner schrien die ganze Nacht... sie haben bis zuletzt um ihr Leben gekämpft.« (Siehe dazu Czech 1989: 838; Gilsenbach 1988: 32)

Josef Mengele hatte zwei Doktortitel, die er in München und an der Goethe-Universität in Frankfurt am Main erwarb. Er wurde mit Kriegsbeginn zur Wehrmacht eingezogen, als SS-Mitglied kam er zur Waffen-SS und wurde dann nach Auschwitz versetzt. Er experimentierte in Auschwitz mit Zwillingen, an Kleinwüchsigen und an Verwachsenen. Er tötete viele seiner Opfer. Nach der Befreiung des Konzentrationslagers Auschwitz durch die sowjetische Armee am 27. Januar 1945 verließ Mengele fluchtartig den Ort. Er tauchte unter, gelangte nach Südamerika und starb 1979 in Brasilien (Posner/Ware 1986).

Auschwitz wurde am 18. Januar 1945 evakuiert (Höß 1987: 140).

Die Strecke von Auschwitz nach Bergen-Belsen misst in der Luftlinie rund 670 km. Eine Überlebende des Todesmarsches erinnerte sich später daran, dass »unterwegs... sehr viele erschöpft zusammengebrochen sind«. Diese Häftlinge seien von den Begleitmannschaften an Ort und Stelle erschossen worden. »In unserer Gruppe fuhr außerdem ein Pferdewagen mit. Schwache Häftlinge wurden unterwegs auf diesen Pferdewagen gesetzt. Diese Halbtoten wurden später in den Wald gefahren und dort erschossen. Jedes Mal, wenn der Wagen voll war, fuhr er in den Wald. Nach meiner Schätzung kamen nur etwa 30% unserer Gruppe in Bergen-Belsen an.« (Goldhagen 1996: 392f.) Auch andere Gefangene berichteten wie Peggy, dass sie fast die gesamte Entfernung zu Fuß zurücklegen mussten und meist in ungeheizten Scheunen schliefen.

Was Peggy weder im Videointerview noch jemals ihren Töchtern oder ihrem Ehemann erzählte, war, dass sie auf dem Todesmarsch nach Bergen-Belsen von einem SS-Mann vergewaltigt wurde. Sie war 20 Jahre alt, als der SS-Mann sie in einem Bauernhaus in Gegenwart anderer weiblicher Gefangener vergewaltigte. Dies geht aus einem nervenfachärztlichen Aktengutachten vom Juni 1963 hervor, das anlässlich der Entschädigung erstellt wurde. Hierüber wird das letzte Kapitel weiter Aufschluss geben.

Bergen-Belsen

»Bergen-Belsen lag inmitten eines Waldes. Ich traf dort auf eine Mischung unterschiedlicher Häftlinge, teilweise waren es russische Gefangene oder Spione, sehr verschiedene Menschen waren dort auf kleinstem Raum zusammengepfercht. Zu essen gab es eine Suppe aus Mehl und einer bestimmten Art gelber Rüben, die vor allem in Deutschland wachsen.«

Wann immer Peggy uns später in Deutschland besuchte und irgendwo diese Rüben roch, fühlte sie sich daran erinnert, erzählte sie, und schauderte.

»Dazu gab es Brot, pro Person vielleicht ein Viertel pro Woche« – Peggy zeigt mit den Fingern ein kleines Stückchen. »Die Nahrung war sehr knapp. Unter einigen Häftlingen entfachten Kämpfe um das spärliche Essen, die russischen Frauen waren be-

Bergen-Belsen, Deutschland, übliche Essensration der Häftlinge im Lager (Yad Vashem Fotoarchiv, Jerusalem)

sonders hart. Sie lauerten im Wald den Suppenträgerinnen auf, schlugen sie nieder und fielen dann über die Kanister her, wobei die Hälfte der Suppe verschüttet wurde. Viele Andere gingen ihretwegen leer aus.

Ich hatte Glück, denn ich litt nicht unter großem Hunger. Ich kam mit weniger Nahrung zurecht, als die meisten anderen. Oftmals tauschte ich das bisschen Essen, das wir bekamen, gegen Wasser, um mich zu waschen. Die Deutschen drehten das Wasser nur für eine Stunde pro Tag an, daher war es hart umkämpft. Ich hatte einfach nicht die Kraft zu kämpfen, also gab ich lieber ein bisschen Essen und bekam dafür etwas Wasser zum Waschen. Sauberkeit war mir wichtig.

Das Leben in Bergen-Belsen war sehr hart. Wir schliefen in riesigen, leeren Scheunen auf dem Fußboden. Es gab keine Bänke, gar nichts, außer für die Blockälteste und ihre Vertreterin – die beiden schliefen auf einer doppelstöckigen Pritsche, etwas separiert in einer Ecke. Es waren etwa 800, vielleicht 900 Frauen in einer Baracke. Zur Polsterung haben wir uns scherenartig aufeinandergelegt, so ineinander verwoben verbrachten wir Nacht für Nacht. Deshalb konnten sich Krankheiten wie Typhus schnell wie ein Lauffeuer ausbreiten. Jeden Morgen, wenn ich aus der Scheune trat, lagen wieder um die 25, 30 neue Leichen vor der Tür, die während der Nacht nach draußen geworfen worden waren.«

Anfangs hatte Peggy Glück: »Ich bekam einen Job im Bekleidungslager, wo ich Kleidung sortieren musste. Außerdem wurde ich ausgewählt, einige der SS-Unterkünfte sauber zu halten. Manchmal hinterließen sie dort sogar ein kleines Stückchen Brot für mich.

Die SS-Behausungen befanden sich außerhalb des Lagers, in einem eigenen Bereich. Ihre Betten waren gefüllt mit Matratzen aus Stroh, die es aufzuschütteln galt. Ich war nicht begeistert von der Idee, meine Hände dorthinein zu stecken, also fasste ich das

Stroh kaum an. Irgendwann später wurde ich gegen eine andere Frau ausgewechselt, doch kurz darauf beschwerte sich einer der Deutschen, ich hätte die Betten besser gemacht. Dabei wühlte die Andere bestimmt aufwändig in dem Stroh herum!« lacht Peggy.

»Einer der Männer hatte in seinem Zimmer einen Koffer mit Zigaretten, aus dem ich mich manchmal heimlich bediente. Für eine einzige Packung Zigaretten konnte man Essen bekommen – Du bekamst dafür alles, was Du wolltest. Diebstahl nannten wir nie ›stehlen‹ im Lager«, schmunzelt Peggy, »wir nannten es ›organisieren‹.« Letzteres sagt sie auf Deutsch.

*

Doch lange konnte Peggy in Bergen-Belsen nicht arbeiten, sie wurde krank: »Eines Tages kam ein Transport aus Ungarn, ich musste die Kleidung der neuen Häftlinge in Empfang nehmen. Von weitem erblickte ich eine Frau in einem grauen Mantel, es war sehr kalt, mitten im Winter. Als sie näherkam, sah ich mit Schrecken, dass der ganze Mantel sich bewegte – er war schwarz, voller Läuse, von oben bis unten damit bedeckt. Ich war sehr empfindlich, was Ungeziefer betraf. Ich spürte sofort, wie etwas an meinem Hals krabbelte, schlug reflexartig mit der Hand danach und fasste die Laus zwischen meinen Fingern. Zwei Wochen später bekam ich Typhus. Ich hatte Typhus gegen Ende des Krieges, zur gleichen Zeit wie Anne Frank.

Anne Frank lebte mit ihrer Familie im sogenannten ›Familienlager‹, im vorderen Teil von Bergen-Belsen, nahe des Eingangstors und der SS-›Schreibstube‹. Dort lebten die holländischen Familien, die recht spät in das Lager gekommen waren, unter etwas privilegierteren Bedingungen. Sie bekamen besseres Essen, was sie manchmal über das Tor hinweg zu den anderen Häftlingen warfen. Wenn Du einmal Typhus hattest, dann war's das. Es gab kein Krankenhaus, keine Medikamente, nichts. Du wurdest einfach auf einen Haufen geworfen – so ist Anne Frank umgekommen.

Ich hatte zwei Freundinnen aus Auschwitz, Kikki und Chanka,[21] wir drei Mädchen waren unzertrennlich. Inzwischen war ich so krank, dass ich nicht mehr aufrecht stehen konnte. Jeden Morgen, wenn sich alle Häftlinge zum Zählappell vor der Baracke aufstellen mussten, nahmen meine beiden Freundinnen mich in ihre Mitte und hielten mich an meinen Armen hoch. Doch irgendwann ging auch das nicht mehr.

Kikki arbeitete in Bergen-Belsen in der Küche, ich glaube, sie hat der Blockältesten-Vertreterin etwas zugesteckt. Die Vertreterin jedenfalls zeigte Mitgefühl mit mir, sie nahm mich mit auf ihre Pritsche und ließ mich gemeinsam mit ihr dort schlafen. Doch was noch viel wichtiger war: Sie deckte mich beim Zählappell. Typhus schlägt auf den Magen und auf den Kopf, das Fieber scheint Dich schier zu verbrennen. Es dauerte 14 Tage.«

Peggy erinnert sich nur an Fragmente aus diesen Tagen: »Unter den Gefangenen war eine russische Ärztin, vielleicht eine Spionin. Sie hatte natürlich keine Medikamente, doch sie mochte mich sehr und verbrachte viel Zeit mit mir, redete mir immer wieder gut zu. Meine Freundinnen erzählten mir später, es hätte nur zwei Dinge gegeben, nach denen ich in meinem Fieber ständig verlangte: Milch und eine Möhre. Milch und eine Möhre. Immer wieder soll ich darum gebeten haben. Es ist verrückt – ich hasse Milch! Ich trinke nie Milch!« ruft Peggy. »Seit ich als Kind einmal frische Kuhmilch vorgesetzt bekam, ekele ich mich davor.«

Die Vertreterin der Blockältesten rettete Peggy das Leben. Viele Jahre später sahen die beiden Frauen sich in Israel wieder. Zwei Wochen, nachdem Peggy wieder aufstehen konnte, kam der Tag der Befreiung. »Meine Freundinnen waren sehr große Stützen für mich, uns verband eine innige Freundschaft. Die Mädchen trugen mich unter meinen Armen nach draußen zu den Löchern, damit ich mich körperlich erleichtern konnte. Sie halfen

---

[21] Namen schwer verständlich

Bergen-Belsen, Deutschland, 1945, ehemaliger Häftling nahe den Baracken im Lager (Yad Vashem Fotoarchiv, Jerusalem)

mir wieder laufen zu lernen. Der Typhus hatte meinen kompletten Unterkörper zu Gummi gemacht, ich hatte kein Gefühl mehr in den Beinen und war sehr, sehr schwach. Ganz langsam fing ich wieder an zu gehen, wanderte vorsichtig im Lager umher. Eines Tages hörte ich entfernte Geräusche, Stimmen – es war sehr ungewöhnlich … So gut ich konnte lief ich zurück zu meiner Baracke und rief: ›Mädchen! Kommt raus! Irgendwas ist passiert, ich höre Stimmen!‹ Die Mädchen lachten mich aus, sie dachten, ich sei verrückt geworden oder immer noch im Fieberwahn. Ich lief wieder vor, die Stimmen wurden lauter. Sie kamen aus Richtung des Männerlagers. Der Stacheldraht war schon nicht mehr elektrisch, sie hatten den Strom abgedreht. Aufgeregt lief ich wieder zurück zu den Mädchen, ich war vollkommen aufgelöst: ›Kommt, kommt! Ihr werdet es selber hören: Musik! Stimmen!‹ ›Verrückt, verrückt‹ kam es nur von den Mädchen zurück.

Ich scherte mich nicht weiter darum. Ich lief nur noch. Zwischendurch taumelte ich über den Stacheldraht, dass meine Beine bluteten. Ich lief einfach weiter, den Geräuschen entgegen.«

»Der Lagerleiter Josef Kramer und einige seiner Untergebenen hatten schon die Flucht ergriffen, auch von einer Sprengung des gesamten Lagers soll die Rede gewesen sein. Doch das Gebiet war zu diesem Zeitpunkt bereits von der britischen Armee umzingelt, es gab kein Entkommen mehr. Sie mussten also umkehren, zurück zum Lager. Jeder konnte sie sehen, wie sie an den Toren standen, weiße Binden der Ergebung um die Arme gebunden. Aus der Ferne sah ich Kramer und seine Gehilfen mit den britischen Soldaten gestikulieren. Ich sah die riesigen Lautsprecher, aus denen es ertönte:« – sie zitiert auf Deutsch, mit feierlicher Stimme – »IHR SEID ALLE FREI…«. Mit leuchtenden Augen und ihrem wackeligen Deutsch zelebriert Peggy jedes Wort dieser Durchsage. Dann übersetzt sie für Paul bedeutungsgemäß: »Man solle das Lager nicht verlassen, hieß es – wegen der Krankheiten – Wasser und Medizin sei auf dem Weg. Kannst Du Dir das Gefühl vorstellen?!« strahlt sie.

Eine Woge der Erlösung strömt aus all ihren Poren, sie fließt durch die Kamera, schwappt bis auf meinen Computermonitor, mitten in mein Herz.

»Die Briten brachten tankerweise Wasser ins Lager. Sie ließen sich von den Deutschen durch das ganze Areal führen, machten viele Fotos, dokumentierten alle Einzelheiten.« Peggy ging beherzt auf die Soldaten zu: »Ich traf auf die Sergeants Eric Clyne und Derek Sington. Sie gehörten zur sogenannten ›Amplifier Unit‹, einer speziellen Einheit der britischen Armee. Sington schrieb später das Buch ›Die Tore öffnen sich‹, ich habe es zu Hause. Damals konnte ich noch kein Englisch, doch die Briten waren sehr gebildet, sie sprachen viele Sprachen. Auf Deutsch erklärte ich, dass ich ganz allein im Lager sei, ohne Familie, dass ich aber einen Onkel in Rhodesien habe – ob es irgendwie möglich sei, ihn zu kontaktieren? Ich besaß keine Adresse, doch ich wusste den Namen und hatte eine Postfach-Nummer im Kopf, da ich immer die Briefe meines Vaters zur Post gebracht hatte.«

Bergen-Belsen, Deutschland, nach der Befreiung, vier britische
Offiziere vor der Lautsprecheranlage, erster von links:
Captain Derek A. Sington (Yad Vashem Fotoarchiv, Jerusalem)

Die Nummer weiß Peggy bis zum Schluss. »Sergeant Clyne
schrieb alles auf, zu diesem Zeitpunkt gab es noch keine Kom-
munikationsmöglichkeiten. Doch später schickte er persönlich
eine Nachricht an seine Frau nach England, die daraufhin meinen Onkel kontaktierte.

Ich habe noch Fotos von diesem Tag der Befreiung, originale
Fotos von den Briten. Darauf sieht man, wie die übrig gebliebe-
nen Häftlinge das ganze Lager nach Nahrung durchkämmten,
wie sie überall die gelben Rüben aufsammelten. Die Menschen
in den Fotos sehen aus wie Kinder, obwohl es ältere Frauen sind
– sie waren Skelette. Alles, was Du sahst, waren ihre Augen, rie-
sige Augen. Ich war fett mit meinen knapp 40 Kilo, und noch
dazu habe ich kleine Augen, aber alles, was Du von meinem Gesicht sehen konntest, waren meine Augen.

Die britische Armee war fantastisch, sie halfen uns, Lebensmittel zu finden. Eines Tages brachte ein Soldat mir ein frisches Ei, das er von irgendeinem Bauernhof gestohlen hatte. Er wollte mich heiraten! Ich konnte mich damals noch nicht gut verständigen – Eric (Clyne) erklärte ihm, ich würde nach Afrika gehen. Sie gaben uns alles, was sie hatten, auch von ihrer eigenen Ration. Es war unglaublich. Doch das viele Fett und Fleisch in den Konserven der Soldaten war für unsere unterernährten Mägen kaum verdaulich – Tausende Überlebende starben durch die plötzliche Aufnahme zu schwerer Nahrung, es war eine Tragödie. Wenn Du so lange gehungert hast, verträgt Dein Körper vieles nicht.

Hilfe eilte aus aller Welt: die Amerikaner kamen, es gab viele verschiedene Hilfsorganisationen, die Schweden nahmen die Schwerkranken auf. Uns brachten sie in den ehemaligen deutschen Behausungen des Lagers unter, dort richteten sie auch ein Krankenhaus ein. Der Typhus hatte sich so stark verbreitet, dass sie schließlich das gesamte Lager abbrennen mussten. Deshalb ist heute von Bergen-Belsen nichts mehr zu sehen.«

***

Kommandant des Lagers Bergen-Belsen war seit dem 1. Dezember 1944 Josef Kramer (1906-1945) mit der SS-Nr. 32.217. Josef Kramer trat bereits 1931 in die NSDAP ein, dann 1932 in die SS. Seit 1934 gehörte er den SS-Totenkopfeinheiten in den Konzentrationslagern an, zunächst in Dachau und ab Mai 1940 in Auschwitz. In Auschwitz war Kramer 1940 zuerst fünf Monate lang Adjutant von Höß gewesen. Später war er im KZ Natzweiler und ab Mai 1944 Kommandant in Auschwitz-Birkenau (Höß 1987: 140).

Etliche der Inhaftierten, sowie auch Peggy, kannten Josef Kramer bereits aus Auschwitz-Birkenau. Kramer war groß, »ein vitaler Koloss, Stiernacken, so massiv, dass sein Kopf mit den Ohren direkt auf den Schultern eines Schmieds bestimmt zu sein scheint«. Sein

Kopf hat eine quadratische Form, kastanienfarbenes Haar – so beschrieb ihn später eine Zeugin. Er liebte die Musik und verstand auch etwas davon. Er bestellte sich beim Orchester die »Träumerei von Schumann«, und er habe sich mit Ergriffenheit der Musik hingegeben (Fénelon 1987: 112). Andererseits war er ein Beispiel von Hemmungslosigkeit und zögerte nicht, einer Frau den Kopf mit seinem Knüppel einzuschlagen, mit seinen quadratischen Fäusten schlug er Männer und Frauen nieder, tötete Kinder (ebenda: 111 und 305).

Am 15. April 1945, um 11:00 Uhr vormittags, erreichten die Briten das Lager. Sie fanden das KZ Bergen-Belsen nur durch Zufall. Von Hannover aus verfolgten sie die Deutschen durch die Wälder und sahen plötzlich SS-Leute vor sich mit einer weißen Fahne. »Sie wurden am Tor empfangen von Josef Kramer – dem einzigen nicht geflohenen SS-Kommandanten –, der ihnen das Lager übergab.« (Ebenda: 9 und 304)

Die britischen Soldaten waren erschüttert, mehr als 13.000 Leichen lagen über das Gelände verstreut. Der britische Major sprach von einem »Teppich aus Leichen, größtenteils sehr abgemagert, viele unbekleidet, kreuz und quer durcheinander« (Wachsmann 2016: 669).

Kramer, ohne Uniformrock, ohne Waffe, ohne Kopfbedeckung, wurde gezwungen, in einen Militärlastwagen einzusteigen, »der Lastwagen fährt an, wir sehen Kramer, aschfahl vor Angst und Zorn, aus unserem Umkreis verschwinden« (Fénelon 1987: 304 und 307). Er wurde von dem ersten britischen Militärgericht, das zwischen September und November 1945 in Lüneburg verhandelte, verurteilt. Kramer wurde am 13. Dezember 1945 im Gefängnis in Hameln durch den Strang hingerichtet. Ihm wurden die begangenen Kriegsverbrechen in Bergen-Belsen angelastet (Wachsmann 2016: 700).

Insgesamt wurden in diesem Bergen-Belsen-Prozess 30 Beschuldigte verurteilt, elf davon zum Tod durch den Strang; 14 Beschuldigte wurden freigesprochen. Dieser Prozess war der erste der alliierten Militärgerichtsprozesse. Bergen-Belsen sei »die Hölle ohne

Gnade« gewesen, berichtete später eine Überlebende. In dem hoffnungslos überfüllten Lager fanden keine Hinrichtungen statt, und doch starben Zehntausende. Sie gingen, entkräftet von Hunger und Durst, langsam und qualvoll an schrecklichen Infektionskrankheiten zugrunde: An Ruhr oder Bauchtyphus, Diphtherie, Tuberkulose oder Fleckfieber. »Die Lebensbedingungen waren entsetzlich.« In Baracken, in denen normalerweise 60 Personen untergebracht waren, hausten nun 600, schrieb ein britischer Hauptmann nach Kriegsende. Es habe keinerlei sanitäre Ordnung gegeben, innerhalb und außerhalb der Baracken sei der Boden fast vollständig mit Leichen, menschlichen Exkrementen, Lumpen und Fäulnis bedeckt gewesen. Die Kleider der Insassen bestanden nur noch aus Lumpen und wimmelten von Läusen (Müller 2013: 383f.).

Ein Gestank von Verwesung und Tod habe in den letzten Wochen über dem ganzen Gelände gelegen, berichtete später ein überlebender Holländer. »Das Lager begann, einer einzigen großen Latrine zu gleichen.« Eisige Winde, Epidemien und Hunger brachten die Häftlinge um. Morgens warfen Häftlinge die Körper der in der Nacht Verstorbenen aus den Baracken, gegen Ende ließ man Häftlinge einfach liegen, wo immer sie gestorben waren.

Das Lager umfasste schließlich durch den Zustrom von Häftlingen aus östlichen KZs eine Häftlingszahl von über 50.000. Täglich starben 250 bis 300 Menschen. Im März 1945 verloren 18.168 Menschen in Bergen-Belsen ihr Leben. Von Januar bis Mitte April 1945 starben insgesamt 35.000 Menschen (Wachsmann 2016: 653).

Wenn ein Transport aus Polen ankam, »ließ die SS Stroh auf den bloßen Erdboden schütten, und die Neuankommenden ließen sich darauf fallen«. Eine Überlebende schrieb später, »der Gestank ist zum Ersticken, vor allem nachts. Keine einzige Latrine wurde aufgestellt, nicht mal Gruben im Wald gegraben. Wer noch die Kraft hat, geht hinaus, die andern lassen sich gehen, wir werden zu Tieren, diese grauenhafte Verschlechterung ist erschütternd.« (Fénelon 1987: 298)

Der Gestank war unerträglich. »Da liegt ein Berg Leichen, sauber aufeinandergeschichtet, einem Heuhaufen ähnlich, gestapelt wie im Getreidespeicher.« (Ebenda: 301)

Die SS hatte das Wasser abgestellt. Eine Überlebende: »Die SS-Leute passen auf, um nicht mit uns in Berührung zu kommen. So verdreckt, verlumpt, verlaust, sind wir ansteckend; Durchfall, vor allem Typhus, hausen verheerend hier. Sie geben uns zu essen, wenn sie dran denken, etwas Suppenähnliches, Flüssiges, ohne Festes. Da sie die Verseuchung noch verschlimmern, wenn sie uns das Wasser sperren, lassen sie uns immer häufiger und immer länger ohne Wasser.« (Ebenda: 302) Es gebe keine Worte, sagt dieselbe Überlebende später, die letzten fünf Tage zu schildern. »Sie waren unbeschreiblich. Der Gipfel des Grauens, dieser Block von mehr als 1.000 sterbenden, halbwahnsinnigen Frauen!« (Ebenda: 303)

Nach der Befreiung

»Die Befreiung war eine schreckliche Erfahrung. Die Nachwehen des Grauens, die Aufräumarbeiten, die Perspektivlosigkeit ... Berge von Leichen mussten beseitigt werden. Die Deutschen wurden gezwungen, selbst das Lager zu reinigen und die Toten fortzutragen. Gleichzeitig waren überall die Listen mit den Überlebenden aus allen Konzentrationslagern im Umlauf. Wir lebten alle in der Hoffnung, noch Angehörige zu finden, es war eine sehr traurige Zeit. Leider fand ich niemanden aus meiner direkten Familie.«

Bergen-Belsen, Deutschland, 1945, SS-Wärter werden gezwungen, die Toten zu begraben (Yad Vashem Fotoarchiv, Jerusalem)

Peggys erweiterte Familie, mit allen Tanten, Onkeln, Cousins und Cousinen, hatte vor dem Krieg rund 60 Personen umfasst. Nun war sie beinahe gänzlich ausgelöscht.

»Es gab nur noch einen anderen Urenkel von meiner Urgroß-mutter Tilli, er ging nach New York und ist kürzlich verstorben. Eine Schwester von meiner Mutter hatte in Polen überlebt, sie war die einzige der sieben Geschwister. Ich weiß nicht, wie sie erfuhr, dass ich am Leben war, aber sie kam nach Belsen, um mich zu finden. Sie kam in die Baracke und schrie ›Mein Baby, mein Baby!‹, ich war aber kein Baby mehr. Von ihr bekam ich diesen Ring, den ich am Finger trage, er gehörte ihrer Mutter. Meine Tante wollte auch nach Rhodesien, doch mein Onkel lehnte ab, sie zu sich zu holen. Schließlich heiratete sie und ging nach Amerika. Sie bekam keine Kinder.

Das Leben nach der Befreiung war sehr chaotisch, überall waren Menschen auf der Suche nach anderen Menschen. Ich teilte mir ein Zimmer mit Pola,[22] wir waren zusammen in Auschwitz gewesen. Pola stellte sich manchmal für eine Schale Suppe in der Küche an, doch ich ging kein einziges Mal dorthin. Ich schwor, niemals wieder in einer Schlange für Essen anzustehen.

Einmal kam die Jüdische Brigade für ein Konzert zu uns ins Lager, sie spielten ein berühmtes jiddisches Lied in allen verschiedenen Sprachen, die bei uns gesprochen wurden. David, einer der Soldaten, verliebte sich in Pola und nahm sie mit nach Israel. Ich brachte die beiden zum Bahnhof. David wollte mich überreden, mit ihnen nach Israel zu gehen, doch ich wollte zu meiner Familie und freute mich darauf, nach Rhodesien auszuwandern. Schon damals im Lager hatten mich immer alle ausgelacht, wenn ich behauptete, falls ich jemals hier rauskäme, würde ich nach Afrika gehen. Sie hielten mich für verrückt.

---

[22] Name schwer verständlich

Bergen-Belsen, Deutschland, Peggy kurz nach der Befreiung
(Privatarchiv Shirley Taeter)

Wir machen alle Fehler im Leben, wir lernen daraus, und wir bezahlen dafür. Ich hatte sogar die Papiere, um nach England zu gehen, doch ich sollte noch zwei weitere Jahre in Deutschland sein – so lange dauerte es, bis ich eine Einreisegenehmigung für Rhodesien erhielt. Ich war allein in Deutschland, sehr allein. Konfrontiert mit der Entscheidung, mir das Leben zu nehmen oder weiterzumachen und mir ein neues Leben aufzubauen. Ich war noch sehr jung, aber ...«

Peggy führt den Gedanken nicht weiter, sie fährt mit einer anderen Anekdote fort: »Manchmal ließ ich mich von den Lastwagen von Bergen-Belsen nach Hannover mitnehmen. Dort tauschte ich den Kaffee, den die Amerikaner im Lager ausgaben, gegen Schnaps – eine Art Wodka, von einem britischen Ingenieur selbstgebraut. Aus dem Schnaps, den ich dann wiederum im Lager verkaufen würde, machten sie dort einen Likör, sie nannten ihn Eierkönig. Es gab viele Jungs, die mir helfen wollten, einige wollten mich sogar heiraten – doch ich war sehr unabhängig. Ich habe es immer geschafft, mir alles selbst zu organisieren.

*Hannover, Deutschland, ca. 1945-47, Peggy nach der Befreiung
(Privatarchiv Shirley Taeter)*

Bergen-Belsen, Deutschland, Irma Grese und Josef Kramer nach ihrer Festnahme (Yad Vashem Fotoarchiv, Jerusalem)

Es gab zwei große, internationale Prozesse nach dem Krieg: Nürnberg und Lüneburg. Nürnberg war der größere Prozess, doch in Lüneburg wurden viele der Aufseher und Ärzte vor Gericht gestellt, die ich aus Auschwitz kannte – unter anderem Josef Kramer, der Lagerkommandant, und Irma Grese, die bekannte SS-Aufseherin.«

Peggy besuchte den Prozess von Grese. »Ich war nicht als Zeugin geladen, hatte jedoch eine Einladung bekommen, um den Verhandlungen eine Woche lang beiwohnen zu können. Was für ein Erlebnis das war, in einem Hotel zu übernachten, gutes Essen zu bekommen und von deutschen Fräuleins bedient zu werden. Der Prozess war sehr interessant und die Beobachterplätze heiß begehrt, ich verlieh meinen Platz einmal für ein paar Stunden an einen Amerikaner.

Irma Grese hatte nach der Befreiung noch versucht, sich als Krankenschwester getarnt durchzuschlagen, doch schließlich wurde sie erkannt und verhaftet. Selbst im Gerichtssaal hatte Grese noch eine freche Attitüde, als der Richter den Raum betrat und der ganze Saal sich erhob, stand sie vorwitzig da, ihre blonden Locken um die Finger zwirbelnd. Ich saß oben in der Galerie, zufällig neben Irma Greses Eltern. Sie seien nie Nazis gewesen, sagte die Mutter, es wäre nur ihre Tochter gewesen. Sie leugneten alles. Diesen Prozess mitzuerleben und einige der Verurteilungen selbst zu bezeugen, war ein wichtiges Erlebnis für mich. Es gab mir irgendwie ein Gefühl der Genugtuung.«

Irma Grese (1923-1945) wurde wegen ihrer äußeren Erscheinung der »Engel« genannt. Diese »Walküre« hatte »göttliche blonde Zöpfe«, die wie ein »Heiligenschein« ihren Kopf umgaben, sie hatte blaue Augen, einen »himmlischen Teint«, sie war auch noch in Bergen-Belsen »sauber, wohlriechend«, auch hier ging sie noch bis zuletzt mit ihrer Reitpeitsche in der Hand durch das Lager (Fénelon 1987: 6 und 302f.). Irma Grese war KZ-Wärterin. Sie war ab Juli 1942 in Ravensbrück, ab März 1943 Blockführerin in Auschwitz-Birkenau. Sie wurde im November 1945 im Lüneburger Bergen-Belsen-Prozess der Briten zum Tode verurteilt und am 13. Dezember 1945 in Hameln hingerichtet (Klee 2003: 200).

Am 11. April 1945, am Abend der Befreiung, am gleichen Abend durften die Inhaftierten in den Räumen der SS schlafen, in deren sauberen Feldbetten, in den sauberen Laken der SS liegen. Sie blieben zunächst im Lager, das eine Art Durchgangslager wurde (ebenda: 307). Die britische Armee brachte die Überlebenden nach der Befreiung in der nahe gelegenen ehemaligen Wehrmachtskaserne unter, wo zur medizinischen Versorgung ein Nothospital eingerichtet wurde. »Noch im Juni 1945 mussten dort mehr als 11.000 Kranke betreut werden.« (Gedenkstätte Bergen Belsen) Als die Zahl der Kranken langsam zurückging, wurden die Räumlichkeiten der

Kaserne in Wohnblocks umfunktioniert. Obschon viele Überlebende inzwischen in ihre Heimat zurückgekehrt waren, blieben in Bergen-Belsen vor allem jüdische Menschen sowie nicht jüdische polnische Staatsbürger zurück. Allein das jüdische sogenannte »Displaced Persons«-Camp umfasste bis zu 12.000 Menschen und bestand bis Mitte 1950 (ebenda). Neben den Überlebenden des Lagers wurden in den dort kreierten Unterkünften auch Tausende weitere Opfer des Holocaust aus vornehmlich mittel- und osteuropäischen Ländern aufgenommen. Kaum einer dieser Menschen hatte noch Verwandte, Habseligkeiten oder einen Wohnsitz, zu dem er hätte zurückkehren können. Für die meisten von ihnen war ein Weiterleben in Europa unvorstellbar.

Afrika

»Nach zwei Jahren in Deutschland schickten mich die Amerikaner nach Frankreich, um von dort aus nach Rhodesien weiterzureisen. Doch als ich Paris erreichte, bekam ich nicht das erwartete Visum für Rhodesien, stattdessen gab man mir ein Visum für Mozambique. Ich weigerte mich, dort hinzugehen – was sollte ich alleine in einem fremden, portugiesisch-afrikanischen Land? Mein Onkel ging sogar vor Gericht deswegen, das Verfahren dauerte einige Monate. Drei Monate blieb ich in Frankreich, bis endlich meine Einreisegenehmigung kam.

Von den Amerikanern erhielt ich schließlich das Flugticket für einen Flug mit Sabena Airlines. Da der Flug von Brüssel aus startete, musste ich zunächst also einen Zug nach Belgien nehmen. Es war alles sehr aufregend – das war die erste Flugreise in meinem Leben! 1947 dauerte eine Reise nach Rhodesien drei Tage und beinhaltete zwei Zwischenlandungen mit Übernachtungen in Afrika. Als wäre das nicht schon abenteuerlich genug, wurde mir unterwegs auch noch das Geld für die Unterbringung gestohlen. Bei der ersten Zwischenlandung wusste ich also nicht wohin – man wollte mich schon am Flughafen lassen, doch letztendlich kam ich irgendwo unter. Beim zweiten Stopp in Leopoldville[23] war ich cleverer. Ich marschierte einfach souverän hinter den anderen Fluggästen her ins Hotel, beobachtete wie sich jeder von ihnen in die Registrierungsliste eintrug, unterschrieb einfach genau wie die Anderen mit meinem Namen und bekam ein Zimmer. Man schlief in Bungalows unter riesigen Moskitonetzen, was für eine Erfahrung!

Es war August, als ich in Rhodesien ankam, dort ist das mitten im Winter. Mein Onkel und die Familie warteten am Flug-

---

[23] Heute Kinshasa, Demokratische Republik Kongo

hafen auf mich, sie waren alle warm eingepackt, mit Pelzmänteln und allem Drum und Dran. Es war Mittag, und die Sonne schien, ich hielt sie für vollkommen verrückt – ich selbst trug ein leichtes Seidenkleid, und mir war heiß!

Ich war so müde von der Reise, alles, was ich wollte, waren ein Bad und ein Bett. Meine Tante hatte ein großes Mittagessen vorbereitet, sie sagte, ich müsse doch etwas essen. Sie kam aus Litauen, und ihre Sprache war für mich völlig unbekannt – sogar ihr Jiddisch war litauisch. Als sie sagte, sie hätte ›Fiß‹ gemacht, dachte ich, sie meint Kalbsgelee, das bedeutet es zumindest in polnischem Jiddisch. Ich fragte, aber wo denn die Galareta²⁴ sei – sie rief immer nur ›Fiß! Fiß!‹ Irgendwann verstand ich. Den Fisch konnte man allerdings nicht essen, er stank schon von Weitem.

Dann begann das Leben in Rhodesien. Es war nicht besonders schön.« »Warum?«, frage ich meine Großmutter nun selbst – den letzten Teil des Videointerviews habe ich zwischenzeitlich von Paul übernommen.

»Für meinen Onkel war nichts so wichtig wie Geld, alles drehte sich für ihn nur darum. Er wollte mich verkaufen, wie auf einem Viehmarkt. Egal mit wem ich ausging, die jungen Männer waren in seinen Augen nie gut genug. Stattdessen stellte er mich all diesen wohlhabenden, seiner Meinung nach angemessenen Männern vor und arrangierte Verabredungen für mich. Es waren alles ältere Herren, sie waren älter als mein Vater!

Als mein Onkel eines Tages eine Reise nach Amerika antrat, schickte er mich vorübergehend zu Bekannten nach Johannesburg, und ich kam einfach nicht mehr zurück. Ich hasste Rhodesien. Es war schlimm, wie sie dort mit den Einheimischen umgingen. Nach dem, was ich erlebte hatte, ging das gegen all meine Prinzipien. Meine Tante hatte vier Bedienstete, die alle einen Hungerlohn bekamen. Zur Verpflegung wurden ihnen win-

---

²⁴ Polnisch: »Gelee«

zige, streng bemessene Essensrationen zugeteilt. Ich hatte ein sehr inniges Verhältnis zu den Afrikanern und half ihnen, wann immer ich konnte. Für mich taten sie alles, das machte meine Tante wahnsinnig. Sie hatte ja keine Ahnung, dass ich heimlich zum Bäcker ging und dort die Kuchen vom Vortag kaufte, um sie unter den Angestellten zu verteilen. Es war für mich unbegreiflich, wie man in Rhodesien mit den Menschen umging, alleine darüber könnte ich ein Buch schreiben.

Ich blieb weniger als ein Jahr dort, bevor ich nach Johannesburg ging und meinen zukünftigen Ehemann kennenlernte. Schon im November 1948 heirateten wir.«

Mein Großvater Michael stammte aus Litauen und war wie Peggy in einer orthodoxen jüdischen Familie aufgewachsen. Zusammen mit zwei seiner Geschwister war er schon Anfang der 1930er Jahre nach Südafrika geflohen und so den Schrecken des Krieges entgangen. Die jüngst durchlebten Erfahrungen von Peggy und Michael hätten kaum unterschiedlicher sein können, als die beiden sich kennenlernten. Sie kamen aus ähnlichen Verhältnissen, und doch aus zwei verschiedenen Welten.

»In Johannisburg betrieben wir gemeinsam eine Textilreinigungsfirma, in einem der damaligen Vororte: Sophiatown war ein armes, schmutziges Einwanderer-Viertel, ich war die einzige weiße Frau auf der Straße. Das Leben dort war nicht einfach, wir arbeiteten beide hart, um uns eine Existenz aufzubauen. Zwischenzeitlich wurde ich schwanger, doch ich machte uneingeschränkt weiter – bis zum Tag vor der Entbindung habe ich gearbeitet, bei beiden meiner Töchter. Allmählich lief unser Geschäft, und es wurde einfacher für uns, wir konnten in einen schöneren Bezirk ziehen und die Kinder auf eine gute Schule schicken. Schließlich gingen wir nach Kapstadt. Im Gegensatz zu mir war mein Mann sehr zurückhaltend und ängstlich. Ich war immer diejenige, die unser Leben verbessern und vorantreiben wollte, darüber haben wir oft gestritten. Wir hatten keine

Johannesburg, Südafrika, ca. 1953, Peggy mit ihrem Ehemann Michael und ihren Töchtern Shirley und Pnina (Privatarchiv Shirley Taeter)

leichte Ehe, doch mein Mann war ein durch und durch ehrlicher Mensch und ein sehr guter Vater, für die Kinder hätte er alles getan. Wir konnten den Mädchen ein schönes Zuhause bieten und eine gute Ausbildung ermöglichen. Dann heirateten sie, gründeten ihre eigenen Familien und bescherten mir die Freuden der Enkelkinder...

Ich hatte ein interessantes Leben, ein sehr interessantes. Vielleicht hätte ich rückblickend ein paar Dinge anders gemacht, aber so ist das Leben. Ich habe immer das Beste daraus gemacht. Eines musst Du verstehen: Du kannst nicht vergessen, aber Du musst lernen zu vergeben. Hass hilft Dir nicht weiter, er zerstört die Menschen.«

Peggy erzählt noch eine Weile vom Leben in Südafrika, von Nelson Mandela und den Schwierigkeiten der aktuellen Politik. Dann lächelt sie mich an und beschließt, das sei nun genug für heute. Beim nächsten Mal könnten wir vielleicht über etwas anderes sprechen.

Epilog
von Gine Elsner und Lisa Strauß

Peggy Berolsky war bei der Befreiung aus Bergen-Belsen 20 Jahre alt. Zwei Jahre später emigrierte sie nach Rhodesien, und ein weiteres Jahr später begann sie ihr neues Leben in Südafrika. Seit dieser Zeit, seit 1948, sind vielzählige, langwierige ärztliche Behandlungen dokumentiert. Peggy war nicht gesund, obwohl erst 23 Jahre alt.

Peggy stellte mehrfach Anträge auf Entschädigung. Zuständig war die Entschädigungsbehörde des Regierungspräsidenten in Hannover. Im Auftrag der Behörde erstellte die Nervenfachärztin Dr. Jutta Tuchel aus der städtischen Nervenklinik Hannover am 19. Juni 1963 ein nervenfachärztliches Gutachten nach Aktenlage. Auf Anforderung der Entschädigungsbehörde vom 7. Januar 1963 sollte zu der Frage Stellung genommen werden, »ob bei der Antragstellerin eine verfolgungsbedingte seelische Erkrankung wahrscheinlich ist und welche MdE [Minderung der Erwerbsfähigkeit] sie bedingt«. Das Gutachten basierte auf einem zweiwöchigen Krankenhausaufenthalt inklusive der medizinischen Begutachtung diverser Ärzte verschiedener Fachrichtungen. Frau Dr. Tuchel selbst hatte Peggy jedoch nie kennengelernt. Zuständig war Hannover, weil Peggy sich zuletzt in Deutschland im Bereich des späteren Niedersachsen aufhielt. Aus dem Gutachten geht hervor, dass bereits am 8. August 1955 ein Erstantrag auf Entschädigung gestellt worden war. Hierzu ist in der Dokumentation von Dr. Tuchel vermerkt: »Im vertrauensärztlichen Erstgutachten vom 8. September 1958 durch Dr. Koch (Facharzt für Innere Krankheiten) wird eine organische Erkrankung nicht festgestellt, hingegen eine Psychoneurose mit hysterischen Zügen vermerkt und eine MdE aus medizinischen Gründen verneint.«

Die Psychiaterin listete in ihrem Gutachten die krankheitsbedingte Vorgeschichte von Peggy Berolsky, geborene Weinstock, auf. Demnach litt Peggy unter anderem an »Schlaflosigkeit, Spannung, Erregbarkeit ... Widerwillen gegen Geschlechtsbeziehungen, Kopfschmerzen, Taubheitsgefühl, Schmerz und Schwäche in der rechten Gesichtsseite, im rechten Arm und rechten Bein, Trockenheit des Mundes, exzessivem Schwitzen der Hände, Dunkelheitsanfällen, Mangel an Gedächtnis- und Erinnerungsvermögen, Unbehagen über dem unteren Teil des Sacrum [Kreuzbein]«.

In den Akten, die der Gutachterin zur Verfügung standen, war dokumentiert, dass Peggy unfähig war, einer geregelten Arbeit nachzugehen, und dass sogar Schwierigkeiten in der Haushaltsführung und bei der Kindererziehung bestanden.

An ärztlichen Diagnosen und durchgemachten Erkrankungen waren in den Akten die folgenden dokumentiert: »Antragstellerin machte während der Verfolgung Typhus und Rheuma durch, litt anschließend unter ... schweren Galleanfällen, 1954 Gallenoperation zur Entfernung der Gallensteine.« Sie habe außerdem unter »einer krankhaften Art des Essens gelitten, wurde in kurzer Zeit außergewöhnlich übergewichtig. Diese Erscheinungen hätten sich nach psychiatrischer Behandlung gebessert.« Ärztlicherseits wurde eine »schwere Angsthysterie mit phobischen Erscheinungen« diagnostiziert. Im Oktober 1959 nahm der behandelnde Arzt in Südafrika an, dass die Symptomatik auf der Vergewaltigung durch einen SS-Mann beruhe (die Vergewaltigung wurde durch eine eidesstattliche Versicherung einer Leidensgenossin bestätigt).

In den Akten ist ferner dokumentiert, dass Peska Berolsky drei Aborte und eine Totgeburt hatte. Während der Haftjahre bestand zwei Jahre lang eine Amenorrhoe [also ein Ausbleiben der Regelblutung]. Während der Zeit ihrer ersten Schwangerschaft 1949 habe Peggy den Akten zufolge unter einer »Neigung

zum Weinen« gelitten, unter »Depressionen, die... zu einem Su-
izidversuch durch Einnehmen von 20 Tabletten geführt hätten«.

Die verschiedenen psychometrischen Testverfahren hätten einen Intelligenzquotienten oberhalb der Norm ergeben, »trotz
dieser überdurchschnittlichen Leistungen zeigten sich Schwierigkeiten des visuellen Gedächtnisses, der Konzentration und
der verbalen Begriffsfähigkeit«.

Es ist auffällig, wie die Sachverständige die Verhältnisse in
Bergen-Belsen in ihrem Gutachten thematisiert, erwähnt, dass
die Antragstellerin im März 1945 eine hoch fieberhafte Magen-
Darmerkrankung gehabt habe, diese jedoch nicht zwingend mit
den nachweislich im Lager grassierenden Krankheiten in Verbindung bringt. Sie fügt an: »Eine Diagnose wurde nicht gestellt,
Typhus und Fleckfieber hätten dort geherrscht.«

Die Altersangaben in Peggys Anamnese sind zunächst ver-
wirrend, dies liegt den gefälschten Papieren zugrunde, deren
Geburtsdatum maßgebend für die Bewertung der Ärzte war.
In ihrer Beurteilung kam Dr. Jutta Tuchel zu folgendem Ergeb-
nis: »Fasst man die mitgeteilten subjektiven Klagen und erhobe-
nen körperlichen Befunde zusammen, so ist zunächst festzustel-
len, dass bei der Antragstellerin derzeit ein organisches Substrat
auf internem und neurologischem Gebiet für die vorgetragenen Beschwerden vermisst wird (Elektroenzephalogramm 1962
unauffällig). Psychiatrischerseits wird man das Vorliegen einer
anankastischen (zwanghaften) phobischen (ängstlichen) zu psy-
chogenen Mechanismen neigenden (seelisch bedingten) psychopathischen Persönlichkeitsstruktur diagnostizieren müssen. Es
ist eine alte nervenfachärztliche Erfahrungstatsache, dass derart
gestaltete Persönlichkeitsstrukturen sich erst im Laufe des Lebens, d. h. unter Belastungen zeigen und entwickeln, was be-
sagt, dass eine derartige, noch im Bereich der normalen Variation
liegende Wesensveranlagung sich nicht schon in der frühesten
Kindheit oder Pubertät zeigen muss, d. h. eine bis zur Inhaftie-

rung im Alter von 15 Jahren unauffällige psychische Anamnese [Vorgeschichte] spricht nicht gegen die anlagebedingte psychopathische Wesensstruktur der Antragstellerin.

Es sei betont, dass die derzeit bekanntgewordenen Befunde zweifelsohne für das Vorliegen einer nicht mehr dem Normalbereich zugehörigen Seelenveranlagung sprechen... Nervenfachärztlicherseits erscheint es jedoch nicht zu rechtfertigen, die vorliegende abnorme Wesensveranlagung ausschließlich als anlagebedingt anzusehen und den schweren Verfolgungstatbestand bei der Antragstellerin völlig unberücksichtigt zu lassen. Menschen der genannten Wesensveranlagung haben es in der Regel viel schwerer, mit derart massiven Schicksalsschlägen, die über Jahre hinaus auf die Antragstellerin einwirkten, fertig zu werden (eigene Verfolgung, Verlust der gesamten Familie). Sie haben es schwerer, weil sie aufgrund ihrer Wesensveranlagung, die schicksalsbedingt ist, eine verminderte Anpassungsfähigkeit auf seelischem Gebiet anzeigen. Sie sind aufgrund dieser Veranlagung nicht in der Lage, schwerste Schicksalsschläge wie in der hier vorliegenden Art und Weise innerlich so weit zu verarbeiten, dass sie von diesen in der Zukunft nicht mehr innerlich alteriert werden. Berücksichtigt man die verschiedenen der Akte beiliegenden ärztlichen Bescheinigungen ab Behandlungsbeginn 1948, so kommt man um die Feststellung nicht herum, dass sich die Symptomatik im Laufe der Jahre vermehrt und differenziert hat... Der nach der Befreiung bekannt gewordene Lebenslauf der Antragstellerin [ist] verfolgungsunabhängig. Trotzdem [wird man] sagen müssen, dass die Patientin mit Rücksicht auf ihre anlagebedingte Wesensveranlagung überfordert wurde. Es ist daher nicht erstaunlich, dass eine doch recht intensive psychogene Symptomatik vorgetragen wird in Form von Taubheitsgefühl, Schmerz und Schwäche in der gesamten rechten Körperseite einschließlich des Gesichts. Dies stellt ein klassisches hysterisches Symptom dar. Die von der Antragstellerin als Dunkelheitsanfälle bezeichneten Ausnahmezustände haben weder in der hirnelektrischen Ableitung noch aus dem klinischen Aspekt bei dem Vorgutachter wie auch bei uns auch nur den Verdacht auf Vorliegen einer Epilepsie, d.h. eines organischen Krampfleidens erweckt. Sie müssen als ausschließlich dem anlagebedingten Leiden in Form einer psychopathischen hysterischen Wesensstruktur zugehörig erachtet werden.

Dass die Antragstellerin von der Tatsache einer Vergewaltigung mit 19 Jahren bedrückt ist, ist einfühlbar und verständlich. Derartige Missempfindungen nach Vergewaltigungen werden im Allgemeinen jedoch in kürzerer Zeit überwunden, wenn die Frau nachfolgend zu einer adäquaten harmonischen Geschlechtsbeziehung im Rahmen einer Ehe gelangt. Im vorliegenden Fall machte die Antragstellerin in den ersten neun Jahren ihrer Ehe zwei Geburten, drei Fehlgeburten sowie eine Totgeburt durch. Aus dieser Tatsache allein erklärt sich die Abwehr der Antragstellerin gegenüber ihrem Ehemann, weil sie nach den bisherigen Erfahrungen eine erneute Konzeption fürchten muss, deren Folgen sie nach ihrer bisherigen Kenntnis kaum zu bewältigen vermag. Psychologisch-psychiatrischerseits ist daher die Anerkennung einer Frigidität nach Vergewaltigung während der Verfolgungszeit bei der Antragstellerin nicht anzunehmen.

Es verbleiben daher von den subjektiv vorgetragenen Beschwerden Schlaflosigkeit, Spannungs-Erregbarkeit und Neigung zum Weinen sowie Depressionen in Verbindung mit Kopfschmerzen, die wir unter Berücksichtigung des schweren Verfolgungsschicksals bei anlagebedingter Neigung zu hysterisch-psychopathischer Reaktion zur Anerkennung als Verfolgungsschaden […] zu empfehlen geneigt sind. […] Zusammenfassend empfehlen wir als verfolgungsbedingten Gesundheitsschaden anzuerkennen: Neigung zu reaktiv-depressiven Verstimmungen mit vasomotorischen Kopfschmerzen und Schlafstörungen bei anlagebedingter hysterischer, phobischer und anankastischer Psychopathie

durch Verfolgung wahrscheinlich anhaltend einmalig abgrenzbar verschlimmert, MdE
30%. Eine verfolgungsbedingte
MdE von 25% hat wahrscheinlich verfolgungsbedingt ab
1. April 1945 bestanden... Heil-
fürsorge ist zu gewähren...
Unterschriften: Leitender Arzt
i.V. gez. Dr. Stucke/gez. Dr. Tuchel, Nervenfachärztin.«

Peggy hat nach Aussagen ihrer Tochter zunächst eine einma-
lige Abfindung in Höhe von etwa
5.000 südafrikanischen Rand bekommen (das entspräche in etwa
einer heutigen Summe von 1.000
Euro). Danach bekam sie eine

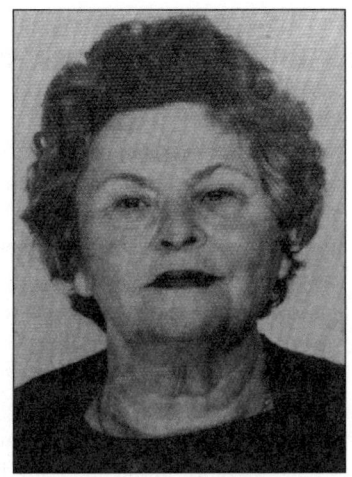

*1991, Peggy im Alter von
67 Jahren (Privatarchiv Shirley
Taeter)*

monatliche Entschädigung von 300 D-Mark. Peggy hat dagegen
nicht geklagt, denn man habe ihr gesagt – so die Tochter –, dass
sie dann möglicherweise jegliche Rente verlöre.

Peggy stellte am 12. September 1966 einen Verschlimmerungs-
antrag. Dieser wurde abgelehnt, »weil es nicht wahrscheinlich
ist, dass die in den ärztlichen Bescheinigungen ... vom 1. August
1966 und ... vom 29. Juli 1966 – beide Kapstadt – geschilderte
Verschlimmerung der Verfolgung noch zur Last gelegt werden
kann«. Es liege im Wesen der Erkrankung, »dass die Antragstellerin auch ohne die Verfolgung ähnliche Beschwerden mit Si-
cherheit bekommen hätte. Die jetzt 20 Jahre nach Beendigung
der Verfolgung aufgetretene weitere Verschlimmerung kann daher nicht mehr mit der erforderlichen Wahrscheinlichkeit auf die
Verfolgung zurückgeführt werden... Es war somit zu entschei-
den wie geschehen.«

Am Ende ihres Gutachtens hatte die Nervenfachärztin Tuchel die Formulierung »anhaltend abgrenzbar verschlimmert« benutzt. Diese Formulierung stammt aus einem Merkblatt der Entschädigungsbehörde für den ärztlichen Gutachter und war in Rentenverfahren nach dem Bundesgesetz zur Entschädigung für Opfer der nationalsozialistischen Verfolgung anzuwenden. Eine »abgrenzbar anhaltende Verschlimmerung« lag dann vor, »wenn ein vor der Verfolgung bestehendes Leiden verschlimmert wurde, ohne dass die Verlaufsrichtung des Grundleidens geändert wurde«. Der durch die Verschlimmerung verursachte zusätzliche Krankheitswert war demnach »entschädigungspflichtig«.

Als die Deutschen im September 1939 Polen überfielen, war Peggy 14 Jahre alt. Ein Vierteljahrhundert später (im Juli 1963) attestierte die Psychiaterin ihr eine »anlagebedingte Neigung zu hysterisch-psychopathischer Reaktion« und diagnostizierte bei Peggy eine »anlagebedingte hysterische, phobische und anankastische Psychopathie«. Eine Begutachtung durch einen Psychoanalytiker fand nicht statt – doch es ist davon auszugehen, dass eine psychoanalytische Untersuchung nach heutigem Standard bei Peggy, die aus einer stabilen, gutsituierten Familie stammte, kein derart neurotisches Krankheitsbild verifiziert hätte.

Die Ärztin war allerdings mit ihrer Begutachtung durchaus im Trend der damaligen Zeit. Immer wieder hieß es bei derartigen Leiden von Holocaust-Überlebenden, dass die Symptome anlagebedingt seien. Das bedeutete, dass das Leiden seinen Ursprung in der Erbmasse angelegt hatte. Entschädigungsrechtlich bedeutete es, dass ein Leiden schon vor der Verfolgung latent oder manifest vorhanden war und durch die Verfolgung lediglich verschlimmert worden sein konnte. Christian Pross (1988) hat in seinem Buch »Wiedergutmachung« auf diesen Skandal aufmerksam gemacht.

Zum einen waren die medizinischen Sachverständigen ideologisch durch die Nazi-Medizin geprägt. Denn ein besonderes Merkmal der NS-Medizin war, dass die Anlage, die Erbmasse eines Menschen, für jegliche Gesundheitsschäden und Krankheiten herhalten musste. Und die so geprägten Ärzte setzten als Gutachter nach dem Krieg ihre Ansichten fort und verlegten die Ursachen jeglicher Leiden in die Erbmasse.

Zum anderen ging es natürlich auch darum, die Anzahl der Opfer, die zu entschädigen waren, möglichst gering zu halten. Die Ärzte handelten somit im Sinne der Entschädigungsbehörden, die den bundesdeutschen Steuerzahler nicht allzu sehr belasten sollten.

Es gab unter den bundesdeutschen Gutachtern nur wenige Ausnahmen, die bei den Antragstellern ein »KZ-Syndrom« oder ein »Überlebenden-Syndrom« diagnostizieren konnten (Pross 1985). Die Ärzte erschienen als »verlängerter Arm des Staates«, und sie waren gehalten, den Staat vor angeblich unberechtigten Forderungen zu schützen (Nustede 1988).

Erst auf Aufforderung durch die Alliierten kam es in der Bundesrepublik 1953 zu einem ersten Entschädigungsgesetz, das war das Bundesergänzungsgesetz vom 29. Juli 1953. Entsprechend dieses Gesetzes hatte Peggy bereits am 8. August 1955 einen ersten Antrag an die Entschädigungsbehörde wegen des Vorliegens eines verfolgungsbedingten Gesundheitsschadens gestellt. Novelliert wurde dieses Gesetz mit dem Bundesentschädigungsgesetz vom 29. Juli 1956. Demnach konnten Personen entschädigt werden, »die aus rassischen, religiösen oder politischen Gründen verfolgt wurden oder die sich unter persönlicher Gefahr gegen die Missachtung der Menschenwürde zur Wehr gesetzt haben«. Voraussetzung war allerdings auch in diesem Gesetz, dass die Antragsteller eine »Wohnsitz-Verbindung mit dem Deutschen Reich gehabt haben«. Das heißt, sie mussten bis zum 31. Dezember 1952 in die Bundesrepublik zugezogen sein; das Gesetz galt ebenfalls für jene Emigranten, die innerhalb der Grenzen des Deutschen Reichs von 1937 gewohnt hatten. Beide Kriterien trafen auf Peggy nicht zu.

Das Gesetz definierte allerdings Ausnahmefälle, in denen Flüchtlinge und Staatenlose, deren Wohnsitz nicht im Deutschen Reich war, begrenzte Rechte erhielten. Grundgedanke des Bundesentschädigungsgesetzes war, dass im Prinzip nur deutsche Verfolgte, d.h. auch nur deutsche Juden entschädigt werden sollten.

Wer die Anspruchsvoraussetzungen für das Bundesentschädigungsgesetz nicht erfüllte, konnte später nach dem Bundesentschädigungsgesetz-Schlussgesetz vom 26. Mai 1965 entschädigt werden. Voraussetzung für eine Entschädigung entsprechend dieser Novelle war, dass die Antragsteller mindestens ein Jahr in einem KZ inhaftiert waren. Diese Kriterien trafen für die ungarischen Juden, die erst im Sommer 1944 nach Auschwitz deportiert wurden und die im Frühjahr 1945 befreit wurden, nicht zu. Für Peggy traf diese Voraussetzung allerdings zu. Denn das Lager Płaszów wurde ab dem Januar 1944 offiziell als Konzentrationslager betrieben.

Da das Entschädigungsgesetz eigentlich nur für deutsche Antragsteller gedacht war, ergab sich eine »äußerst verworrene Rechtslage und ein schikanöser Umgang mit den osteuropäischen Juden« (Pross 1988: 129). Am 7. Februar 1960 versammelten sich etwa 200 vorwiegend polnische Juden in New York und verabschiedeten eine an das Deutsche Generalkonsulat gerichtete Protestresolution, in der sie verlangten, dass die Begutachtung ihrer Gesundheitsschadensansprüche nicht durch »Schamdiagnosen feindlicher Ärztebürokraten« in den deutschen Entschädigungsämtern erfolgte und dass keine Ärzte mit Gutachten betraut werden dürften, die einer nationalsozialistischen Organisation angehörten und infolgedessen ein Interesse daran hätten, »die Folgen der Verfolgung möglichst zu verwischen« (ebenda: 133). Von daher ist nachvollziehbar, dass Peggy darauf verzichtete, Rechtsmittel gegen die Entscheidungen der Entschädigungsbehörden einzulegen. Es bleibt unklar, wie ein solcher Prozess vor Gericht ausgegangen wäre, vor allem da Peggy die finanziellen Mittel für eine anwaltliche Betreuung fehlten und sie zu diesem Zeitpunkt im weit entfernten Afrika lebte.

Insgesamt hatten die Polen jüdischer Abstammung wie Peggy besonders viele Klippen zu umschiffen. Zum einen sahen die Gesetze eigentlich eine Entschädigung für sie nicht vor – nur Deutsche sollten entschädigt werden –, zum anderen waren die Sachverständigen vielleicht gerade bei der Begutachtung von Ausländern besonders bestrebt, Ansprüche abzuwehren. Christian Pross gab seinem Buch den Untertitel »Der Kleinkrieg gegen die Opfer«. Dieser Kleinkrieg hatte sicher mehrere Gründe. Ein Grund war das »Fortwirken eines latenten Antisemitismus und ein Verhaftetbleiben an faschistische Ideologien bei vielen Gutachtern« (Venzlaff 1992).

Ein anderer Grund war ein permanentes Misstrauen gegen Rentenbewerber, Ärzte spielten sich oftmals zu Rentenjägern auf, um den Steuerzahler zu schützen. Schließlich gab es in der Bundesrepublik ein Misstrauen gegen alles Psychische. Denn durch die Verfemung der Psychiatrie und der Psychoanalyse im Dritten Reich bestand bei vielen Gutachtern nicht nur ein Wissensdefizit, sondern auch eine Ablehnung von allem Psychischen. Die Geschichte der Wiedergutmachung ist letztlich ein Lehrstück darüber, »wie eine Gesellschaft mit ihren Opfern umgeht«. Tote Opfer kann man ehren. Lebendige Opfer waren hingegen unbequem und lästig, sie klagten an, sie forderten, sie beanspruchten materielle und finanzielle Hilfen, und vor allem taten sie eins, was die Toten nicht können: »Sie zwingen zur Konfrontation mit Geschehnissen, deren Verleugnung oder Verharmlosung in unserem Lande seit Jahrzehnten intensiv betrieben wird.« (Ebenda: 118)

Es war auch sicherlich problematisch, eine verfolgungsbedingte Rente an eine Einschränkung der Erwerbsfähigkeit (Minderung der Erwerbsfähigkeit, MdE) zu binden. Entschädigt wurde somit nicht ein Gesundheitsschaden, es wurde auch kein Schmerzensgeld gezahlt, sondern die Entschädigungsrente richtete sich nach dem verfolgungsbedingten Einkommensverlust. Herangezogen wurde dazu das System der Beamtenbesoldung zur Berechnung von Berufsschäden (Fischer-Hübner 1990: 35).

Häufig erfolgte die Entschädigungsregelung im Wege des Vergleichs – wie auch bei Peggy Berolsky. Die Vergleichslösung wurde gewählt, wenn der medizinische Nachweis für den kausalen Zusammenhang zwischen Schicksal und Schaden von den Gutachtern unterschiedlich beurteilt wurde (ebenda: 39).

Ein weiteres Problem war, wie auch im Fall von Peggy, dass viele Sachverständigengutachten nach Aktenlage erstellt wurden, ohne dass der begutachtende Arzt den Betroffenen selbst sah. Die NS-Psychiatrie stellte ausschließlich auf »anlagebedingte« Krankheiten ab, und die Freud'sche Psychoanalyse war in der Nazizeit völlig verpönt gewesen. So ist das Gutachten, das über Peggy erstellt wurde, ein sehr typisches: Die Sachverständigen sehen die Ursache von Peggys Leiden in ihrer ererbten Anlage und sind der Meinung, das Peggy dieselben Symptome entwickelt hätte, wenn sie nicht in Konzentrationslagern inhaftiert gewesen wäre.

Heutzutage – aber heutzutage sind die allermeisten Holocaust-Überlebenden gestorben – werden die Dinge anders gesehen. Soldaten der Bundeswehr, die traumatisiert aus Afghanistan zurückkehren, wird eine »Posttraumatische Belastungsstörung« attestiert. Denn diese jungen Männer waren topfit, durch die Musterung bestätigt, nach Afghanistan gezogen und kehren als psychische Wracks zurück. Es würde gesellschaftlich als höchst verstörend betrachtet werden, diese psychischen Folgen auf die »ererbte Anlage« zurückzuführen.

Bis heute, 75 Jahre nach Kriegsende, kämpfen die Überlebenden des Holocaust um finanzielle Entschädigung. Von den schätzungsweise 400.000 verbliebenen Überlebenden weltweit leben 40% unter der Armutsgrenze ihres jeweiligen Wohnorts, vermeldete die Jewish Claims Conference[25] Anfang 2020. Der Kampf um ihre Existenz zwingt sie zur fortwährenden Auseinandersetzung mit dem Leid ihrer Vergangenheit.

---

[25] Die Jewish Claims Conference vertritt seit ihrer Gründung 1951 Entschädigungsansprüche jüdischer Opfer des Nationalsozialismus und die von Holocaust-Überlebenden.

Danksagungen
von Lisa Strauß

Den Grundstein für dieses Buch legte die Herausgeberin Gine Elsner, nachdem sie und meine Mutter sich durch reinen Zufall auf einer Reise kennenlernten. Ohne ihr Engagement für Peggys Geschichte und ihre weitreichende inhaltliche und zeitliche Investition darin, wäre dieses Buch in seiner tatsächlichen Form nie entstanden – dafür bin ich ihr zu tiefstem Dank verpflichtet.

Die ausführliche Recherche der ergänzenden, historischen Quellen, sowie deren Einordnung und Zusammenfassung, sind ebenfalls größtenteils Gine Elsner zu verdanken. Sie bereichert dieses Buch mit ihrem intensiven Wissensschatz aus einer Vielzahl von vorhergehenden Publikationen zu diesem Thema und ihrer langjährigen Auseinandersetzung mit dem Holocaust, insbesondere mit der medizinischen Situation in Deutschland nach dem Dritten Reich.

Ebenso danke ich meiner Mutter Shirley Taeter für ihren Mut, die Geschichte ihrer Mutter in Gine Elsners und meine Hände zu geben und sich auf dieses Wagnis einzulassen, sowie für ihr Vertrauen in meine Arbeit.

Ganz besonders danke ich meinem Cousin Paul Rodgers für seine Hingabe und Geduld im Zusammenhang mit der Aufzeichnung des mehrstündigen Interviews mit unserer Großmutter. Seine Vorarbeit, mit der er Peggy einen essenziellen Lebenswunsch erfüllte, machte die Entstehung dieses Buchs überhaupt erst möglich.

Ich danke meinem Ehemann Ekkehard Strauß für seine ansteckende Entschlossenheit und Überzeugung für dieses Projekt, seine fortwährende Ermutigung sowie seine inhaltliche und emotionale Unterstützung im Entstehungsprozess dieses Buches.

Des Weiteren danke ich meiner Freundin Julia Grimm für ihre hilfreiche, neutrale Perspektive, ihr geduldiges Ohr und nicht zuletzt für das Glätten meiner emotionalen Wogen mit ihren besänftigenden, stets pragmatischen Ermunterungen.

Für die mühevolle Digitalisierung und Restauration der verwendeten Fotos aus unserem Familienarchiv danke ich Michael Thiäner und meinem Mann Ekkehard Strauß.

Mein Dank gebührt auch Paulina Zeisner für ihre Übersetzung polnischer Inhalte sowie Uwe von Seltmann für seine Beratung bezüglich jiddischer Musikhistorie.

Literatur

Borjans, A. (1987): Polen kennen und lieben, LN-Verlag, Lübeck.

Brockhaus Enzyklopädie (1974), 19. Band, F.A. Brockhaus, Wiesbaden.

Browning, Ch.R. (1993): Ganz normale Männer. Das Reservepolizeibataillon 101 und die »Endlösung« in Polen, Rowohlt Verlag, Reinbek bei Hamburg.

Czech, D. (1989): Kalendarium der Ereignisse im KZ Auschwitz-Birkenau 1939-1945, Rowohlt Verlag, Reinbek bei Hamburg.

Fénelon F. (1987): Das Mädchenorchester in Auschwitz, Deutscher Taschenbuch Verlag, München.

Fischer-Hübner, H.u.H. (Hrsg.) (1990): Die Kehrseite der »Wiedergutmachung«, Bleicher Verlag, Gerlingen.

Frank, N. (2016): Dunkle Seele. Feiges Maul, Verlag J.H.W. Dietz Nachf., Bonn (2. Aufl. 2017).

Gilsenbach, R. (1988): Die Verfolgung der Sinti – ein Weg, der nach Auschwitz führte. Beiträge zur nationalsozialistischen Gesundheits- und Sozialpolitik Nr. 6, Rotbuch Verlag, Berlin.

Goldhagen, D. J. (1996): Hitlers willige Vollstrecker, Siedler Verlag, Berlin.

Herzog, H. A. (2000): Und der Himmel vergoss keine Tränen, Kiepenheuer & Witsch, Köln.

Hilberg, R. (1999): Die Vernichtung der europäischen Juden, Fischer Taschenbuch Verlag, Frankfurt a.M.

Höß, R. (1987): Kommandant in Auschwitz. Autobiographische Aufzeichnungen. Hrsg. Martin Broszat, Deutscher Taschenbuch Verlag, München (11. Aufl.).

Keneally, Th. (1994): Schindlers Liste, Goldmann Verlag, München.

Kessler, M. (2002): »Ich muss doch meinen Vater lieben, oder?« Die Lebensgeschichte von Monika Göth, Tochter des KZ-Kommandanten aus »Schindlers Liste«, Eichborn Verlag, Frankfurt a.M.

Klee, E. (2003): Das Personenlexikon zum Dritten Reich. Wer war was vor und nach 1945, S. Fischer Verlag, Frankfurt a.M.

Krüger, K. (2002): Karriere eines Massenmörders, in: Frankfurter Rundschau (Magazin) vom 1.6.

Less, A. W. (Hrsg.) (1995): Der Staat Israel gegen Adolf Eichmann, Beltz Athenäum Verlag, Weinheim.

Michmann, D. (2011): Angst vor den »Ostjuden«. Die Entstehung der Ghettos während des Holocaust, Fischer Taschenbuch Verlag, Frankfurt a.M.

Müller, M. (2013): Das Mädchen Anne Frank, Fischer Taschenbuch Verlag, Frankfurt a.M.

Nustede, I. (1988): »Eine lästige, verordnete Pflichtübung«. Über Christian Pross' Wiedergutmachung, in: Der Spiegel vom 10.10.

Posner, G. L./Ware, J. (1986): Mengele – The complete story, McGraw-Hill Book Company, New York u.a.

Pross, Ch. (1985): Die Mahner einer vergangenen Epoche, in: taz vom 14.11.

Pross, Ch. (1988): Wiedergutmachung, Athenäum Verlag, Frankfurt a.M.

Schenk, D. (2010): Krakauer Burg. Die Machtzentrale des Generalgouverneurs Hans Frank 1933 bis 1945, Christoph Links Verlag, Berlin.

Teege, J./Sellmair, N. (2016): Amon. Mein Großvater hätte mich erschossen, Rowohlt Taschenbuch Verlag, Reinbek bei Hamburg (5. Aufl.).

Venzlaff, U. (1992): Psychische Dauerschäden bei Opfern der NS-Verfolgung, in: Friedrich, H./Matzow, W. (Hrsg.): Dienstbare Medizin, Vandenhoeck & Ruprecht Verlag, Göttingen, S. 101-119.

Wachsmann, N. (2016): KL: Die Geschichte der nationalsozialistischen Konzentrationslager, Siedler Verlag, München.

Internetquellen

United States Holocaust Memorial Museum: https://encyclopedia.ushmm.org/content/en/article/tattoos-and-numbers-the-system-of-identifying-prisoners-at-auschwitz (aufgerufen am 19.11.2020).

Gedenkstätte Bergen Belsen: https://bergen-belsen.stiftung-ng.de/de/geschichte/displaced-persons-camp-1945-1950/ (aufgerufen am 23.12.2020).

Abkürzungen

DEF	Deutsche Emailwarenfabrik
GB	Großbritannien
KZ	Konzentrationslager
RSHA	Reichssicherheitshauptamt
MdE	Minderung der Erwerbsfähigkeit
NSDAP	Nationalsozialistische Deutsche Arbeiterpartei
PO	Post Office
SD	Sicherheitsdienst der SS
SS	Schutzstaffel
uk	unabkömmlich
WVHA	Wirtschafts- und Verwaltungshauptamt

VSA: Erinnerungskultur

Hajo Funke
Der Kampf um die Erinnerung
Hitlers Erlösungswahn
und seine Opfer
280 Seiten I € 24.80
ISBN 978-3-89965-842-2
Die Erinnerung an die natio-
nalsozialistischen Verbrechen
muss tragendes Merkmal des
Geschichtsverständnisses dieser
Republik bleiben.

Prospekte anfordern!

René Baumer
**Von Verzweiflung und
der Sehnsucht nach Freiheit**
Bericht und Zeichnungen eines
Überlebenden der Konzentrations-
lager Neuengamme, Stöcken und
Bergen-Belsen
Aus dem Französischen
von Marion Fisch
136 Seiten I in Farbe I Hardcover I
Halbleinen I € 16.80
ISBN 978-3-96488-082-6
Herausgegeben vom Verein Ge-
gen das Vergessen ./. NS-Zwangs-
arbeit, Hannover. Mit einem
Grußwort von Belit Onay (Ober-
bürgermeister von Hannover),
einem Vorwort von Daniel
Contamin und einem Beitrag von
Janet von Stillfried.

VSA-Verlag
St. Georgs Kirchhof 6
20099 Hamburg
Tel. 040/28 09 52 77-10
Fax 040/28 09 52 77-50
Mail: info@vsa-verlag.de

www.vsa-verlag.de